감춰진 기쁨

감춰진 기쁨

발 행 일 2025년 4월 30일
지 은 이 박 윤
편 집 구부회
발 행 처 도서출판 담아서
주 소 경기도 시흥시 배곧3로 27-8
전 화 0505-338-2009
팩 스 0505-329-2009
계좌번호 신한 110-240-197576 (예금주: 구부회)
등록번호 2021-000013호

ISBN 979-11-94121-10-7(03230)

독자의 의견을 기다립니다.
damaserbooks@naver.com

표지 일러스트 박선주 / sunjoo129@gmail.com

감춰진 기쁨을 누리는 삶은 어떤 삶일까?
하나님의 마음을 알아가는 시골마을의 소박한 이야기

단편소설
감/춰/진/기/쁨

박 윤 지음

담아서

Contents

건축계획학

"건축은 조각과 달리, 그 안에서 우리 삶의 여러 행위들을 영위하고자 하는 사람의 필요에 따른 공간 창조를 목적으로 하는 작업입니다. 따라서 건축물은 사용자에 따라 기능, 구조, 실용성, 내구성, 비용, 형태 등을 종합적으로 고려한 계획이 사전에 충분히 세워져야 합니다. 오두막집을 지을 때에도 비록 설계도는 작성하지 않더라도 이를 만드는 사람의 머릿속에는 이미 설계안과 공사계획이 정리되어 있습니다.

이렇게 보면 계획이란 온갖 아이디어들이 뒤섞인 혼란의 상태에서 완성을 향하여 질서를 잡아가는 창조의 첫 과정이라고 볼 수 있지요. 또한, 우리가 원하는 용도와 형태의 건물을 짓기 위하여는 건물이 지어지는 대지가 어떠한 법적 규제를 받는지도 잘 살펴보아야 합니다. 상업지역에나 가능한 오피스 건물은 주거 지역에는 지을 수 없기 때문입니다. 설사 주거 지역에 자기 소유의 땅을 가지고 있더라도 주택을 건축하기 위하여는 건폐율, 용적률,

옆의 대지와 얼마나 떨어져 집을 지어야 하는지 등 여러 조항의 법적 제한 조건을 따라야지 자기 마음대로 지를 수 없습니다.

또 이렇게 법 규제에 맞게 지어도 건물 사용자가 건물을 법이 정한 용도 외에 다른 용도로 사용하거나 고쳐 지으면 법에 따라 처벌을 받게 됩니다. 건축은 그 절차가 복잡할 뿐 아니라 완성까지의 모든 과정이 한 번에 다 이루어질 수 없기 때문에 계획부터 단계적으로 치밀하게 세워져야 합니다. 사전에 계획 없이 지어지는 건축물은 없습니다."

남 교수는 노트북과 빔프로젝트의 전원을 껐다. 그리고 "다음 시간부터 건축계획의 첫 단계부터 같이 공부하여 봅시다"라고 하며 오늘 첫 수업을 마쳤다. 남 교수는 이번 학기에는 2학년 A반의 '건축계획'과 '건축재료학' 그리고 3학년 B반의 '건축공정 및 품질관리' 수업을 맡게 되었다. 3학년 수업은 이번 학기 들어 처음 맡게 된 과목이다. 각 과목 당 두 시간씩 일주일에 두 번, 이렇게 이번 학기에는 모두 열두 시간의 강의를 하도록 시간 배정을 받았다.

남 교수는 아직 현지어로 강의를 하기에는 현지어 실력이 딸리기도 하지만 학교의 요청도 있고 해서 영어로 강의를 진행하고 있다. 따라서 남 교수는 모든 강의안을 사전에 파워포인트로 만들고 학생들이 이해하기 쉽도록 수업에서 자주 사용되는 용어와 기본 개념에 대하여 먼저 충실하게 설명하려고 한다. 더불어 학생들의 학습에 시각적 효과를 더하기 위하여 이미지 자료를 적극 활용하고 가급적 쉬운 영어로 강의를 천천히 진행하고자 한다.

남 교수는 학생들이 먼저 원리를 터득하고 창의적인 사고 능력과 응용력, 문제 해결 능력을 기를 수 있는 마중물이 되도록 이 강의를 진행할 계획이다. 이러한 능력을 교육을 통해 기를 수 없다면 교육은 단지 정해진 문제에 정해진 답을 찾아내는 노동에 불과한 것이라는 생각을 남 교수는 가지고 있기 때문이다.

남 교수는 과제 중 몇 개는 4명씩 조(組)를 이루어 팀으로 공부하며 학생들 스스로 서로 배워나가는 능력을 기르도록 할 생각이다. 타인과 함께 팀을 이루어 무슨 작업을 하여 성과를 낸다는 것은 설득력과 수용력, 그리고 협동심과 지도력까지 기를 수 있는 좋은 기회가 될 것으로 남 교수는 생각하고 있다. 어차피 사람의 일생이란 나와 하나님이 하나의 팀을 이루고 협력하여 함께 일하는 기간이기 때문이다. 남 교수는 오늘 처음 시작한 '건축계획' 수업을 끝내고 자기 자리로 돌아왔다.

남 교수는 다니던 건설회사를 정년퇴직하고 일 년 전 교회의 파송을 받아 자비량 선교사 자격으로 이 학교 건축과 교수로 재직 중이다. 물론 퇴직 전에 전문인 선교사 훈련도 받았다. 남 교수는 그의 삶의 전반전은 생존을 위해 필요한 무언가를 얻기 위한 투쟁으로 보냈으나, 퇴직 후 인생의 후반전은 삶의 의미를 찾아 무언가 주고자 하는 새로운 삶을 살아가고 싶었기 때문이다. 그래서 '말씀을 듣고 받기만 하던 자'에서 '말씀대로 살아가며 말씀을 전해 주는 자'로 일단 나서보기로 했던 것이다.

말씀을 전해 준다는 것은 상대의 영적 필요를 일방적으로 채워주는 것으로 끝나는 것이 아니라 나의 필요까지도 채워준다는 확신이 들었기 때문이다. 그즈음 하나님은 남 교수에게 '너는 네 식물(食物)을 물 위에 던지라, 여러 날 후에 도로 찾으리라'라는 말씀을 주셨는데 남 교수에게 주어진 식물은 학생들에게 가르칠 '건축 기술'과 '말씀'이었다. 물론 도로 찾으실 분은 그리스도이시지만. 자비량(自備糧)이란 길을 떠날 때 자기가 쓸 양식이나 물품을 스스로 마련하여 가지고 가는 것을 말한다. 따라서 건축과 교수로 재직 중이라고는 하지만, 학교에서 주는 보수는 일절 없다. 체재비등 모든 비용을 남 교수 자신이 부담해야 한다. 대신 장기 체류에 필요한 비자 문제는 학교에서 해결해주고 있다.

남 교수의 강의실은 건축공학관 건물 일층에 있다. 남 교수의 자리는 도서열람실 겸 강의실로 쓰이는 교실 한쪽 구석에 현지인 브라껫 교수와 책상을 나란히 놓고 쓰고 있다. 이 강의실은 천장도 높고 일층에 있어 그다지 덥게 느껴지지는 않는다. 그래도 학교에서 배려를 해주어 냉방기도 두 대나 설치되어 있다. 그러나 정전이 되는 경우가 많아 실제로 사용할 수 있는 시간은 얼마 되지 않는다. 보통 하루 한 두 번씩 짧게는 30분, 길게는 2시간 이상 전기가 나가는데 어떤 날은 하루 종일 전기가 들어오지 않아 빔프로젝트를 사용하여 수업을 해야 하는 남 교수로서는 더위 이상 가는 고역이 아닐 수 없다.

강의실에는 운동장과 복도, 양쪽으로 커다란 창이 나 있고 전면에는 커다란 칠판이 달려 있다. 칠판을 마주 보고 4인용 책상들이 세 줄로 놓여있다. 출입문은 강의실 뒤쪽에 있다. 벽은 흰 페인트로 마감되어 있고 창이 양쪽으로 있어 실내는 무척 밝은 편이다.

남 교수는 지난 학기부터 이곳에서 강의를 해왔다. 천연자원이 빈약한 이 나라에서도 사람의 능력을 개발하는 것 외에는 특별하게 국가적으로나 개인적으로나 활로가 없다고 판단한 때문인지 최근 들어 교육열이 무척 높아졌다.

남 교수는 강의 시작 전 강의 내용을 요약한 핸드아웃을 프린트하여 나누어 주고 있다. 지각하는 학생은 받을 수 없다고 미리 엄포를 놓아둔 효과가 조금은 있었는지 강의에 빠지거나 지각하는 학생은 거의 없다. 아무튼 남 교수는 강의에 빠지지 않고 열심히 출석해 주는 학생들이 고마울 따름이다. 이 나라는 지금 개발과 발전을 향해 몸부림을 시작한 단계로 건축과를 지망하는 학생들이 의외로 많아 학교에서는 학생을 20명 단위로 나누어 A반과 B반, 이렇게 2개 반으로 운영하고 있다. 여학생도 각 반에 두

세명 정도 씩 있다. 학생들에게 지정된 교복은 따로 없지만 대부분의 남학생들은 흰색 상의에 검은색 바지, 여학생은 흰색 블라우스에 검은색 스커트 차림이다. 한국의 홍대 근처나 이태원에나 가야 볼 수 있는 개성 있는 의상을 입은 학생은 아직 보지 못했다. 한국 여학생들과 달리 화장을 하거나 머리 손질한 티가 나는 여학생은 아직 보지 못했다. 바지 입은 여학생도 거의 보지 못했으나 손톱에 매니큐어를 칠한 여학생은 더러 보았다.

  신발은 한결같이 맨발에 샌들 차림이다. 다들 성격도 밝고 활기찬 모습이다. 눈이라도 마주치면 먼저 웃으며 인사하는 모습이 무척 정겹다. 학생들은 남 교수를 복도나 교정에서 만날 때마다 부처님께 하듯 두 손을 모아 코끝까지 올리고 고개를 숙여 인사하기도 해서 처음에는 남 교수를 당황하게 만들기도 했다. 이 인사법은 그저 단순한 인사 정도가 아니라 상대방에 대한 존경을 표하는 방법이기도 하다는데 이런 방법으로 인사를 해주는 상대에게는 반드시 같은 방법으로 답례를 해주어야지 그저 고개만 까닥하거나 한 손만 살짝 들어 올려 '하이'라고만 하면 아무리 교수라고 하더라도 예의가 없는 사람으로 오해를 받을 수도 있다고 한다.

  현지인들이 인사하는 방법은 대상에 따라 모은 손끝이 올라가는 높이가 달라진다고 한다. 예를 들어 동년배의 조금 아는 사이라면 가슴 높이까지만 손을 올리고, 상대가 나이가 많거나 사회적 지위가 높을수록 손이 점점 더 올라가 왕에게는 눈썹까지 올린다고 한다. 그 말을 듣고 보니 남 교수는 학생들이 자기에게 인사할 때 눈썹까지 손을 올려 인사하는 학생은 보지 못했던 것 같다.

남학생이나 여학생 대부분은 공통적으로 팔목에 색색의 실을 꼬아 만든 팔찌를 차고 있는 모습을 볼 수 있다. 가장 많이 보이는 색은 빨간색이다. 이 팔찌가 불행이나 귀신을 쫓아주고 자신들을 지켜주는 효험이 있다고 믿어 심지어 자전거나 오토바이 핸들에 묶어 두기도 한다. 시험 때가 되면 거의 모든 학생이 이 팔찌를 차고 온다.

과연 효험이 있었을까? 학생들이 담배를 피우는지, 한국 학생들처럼 술을 마시러 다니는 지도 아직은 잘 모르겠다. 한 번도 그런 학생을 아직은 본 적이 없으니까. 또한, 학과 내에서 사귀는 남학생과 여학생 커플이 있는지도 잘 모르겠다. 남 교수도 여기까지 관심을 기울일 만큼 여유가 아직은 없고 학생들도 한국과 달리 남의 일에는 별로 관심이 없어 보인다. 좋은 점이라고 해야 하나 나쁘다고 해야 하나 남 교수도 판단이 잘 서지 않는다.

일부 학생들은 저녁에 시내에 있는 또 다른 대학에 다니기도 한다. 이렇게 야간에 수업을 개설하는 학교는 대부분 시내에 몰려있다. 캠퍼스는 없고 건물 1-2동에 강의실만 갖춘 구조이다. 이런 학생들은 낮에는 건축공학을, 저녁에는 회계학 등을 공부하는 식이다. 이과(理科)와 문과(文科)를 동시에 공부하는 것이다. 하나의 전공과목을 공부하는 것도 힘들 텐데 어떻게 전공과목을 2개나, 그것도 동시에 공부할 수 있을까 남 교수로서는 이해하기 어렵지만 그들은 그렇게 해서 졸업 때 졸업장을 두 개나 받는다고 한다. 그렇게 하는 것이 취업에 유리하고 더 많은 월급을 받는지는 모르겠다. 혹시 그들은 학교에서 무엇을 어떻게 배우는 가에 중점을 두지 않고 졸업장 숫자만 많으면 자기의 실력도 그만큼 많은 것으로 생각하고 있지나 않은지 모르겠다. 회사 사장 입장이라면 건축기사로 뽑아야 하나, 경리 담당으로 뽑아야 하나 헷갈리지 않을까 하는 생각이 든다. 1인 2역을 기대할지 모르겠으나 쉬운 일은 아닐 듯하다.

교문 앞 아침 등교하는 시간에는 학생들을 상대로 하는 간이 식당들이 열린다. 물론 학교에서 하는 것이 아니라 동네 주민들이 벌리는 포장마차 식의 이동 식당들이다. 주로 쌀국수, 죽, 덮밥, 바게트 같은 빵 등을 파는데 이 중에서 가장 인기 있는 메뉴는 물론 쌀국수이다. 만들기 쉽고 국물에 말아 후루룩 빨리 먹기에 좋고 맛 또한 서울의 어느 쌀국숫집 못지않은 맛을 내고 있다. 거기에 값도 무척 싸 학생들의 간단한 조식 한 끼로 손색이 전혀 없다. 유일한 단점이라면 2시간이 못되어 배가 꺼져버린다는 것이다.

교문을 들어서면 왼편으로 자전거와 오토바이 주차장이 있다. 학생들은 이곳에 자전거나 오토바이를 세우고 강의실까지 오분

남짓을 걸어 들어온다. 중간쯤에 강당과 그 옆에 식당으로 쓰이는 조그만 건물이 있다. 식당 한편으로는 편의점 역할을 하는 매점도 보인다. 그러나 한국의 편의점과는 많이 다르다. 무엇보다 냉장 음료를 파는 냉장고가 없다. 그러니 물론 아이스크림을 파는 냉동칸도 없다. 테이블 위에 놓인 유리 쇼케이스 안에 기름에 튀긴 도넛 모양의 빵만을 몇 개 놓고 팔고 있다. 이곳에서 음료용으로 야자 열매에 구멍을 뚫고 빨대를 끼워놓은 코코넛을 파는데 냉장이 되지 않아 맛이 들척 미지근하여 마시기에는 좀 그렇다. 그러나 수도에서 나오는 공짜 물보다는 안전하게 마실 수는 있다.

교문 오른쪽으로는 축구장이 있다. 학교에서는 정기적으로 과별 대항 축구시합을 개최한다. 잔디가 깔려있지 않아 축구시합이 있는 날이면 학생들 함성 소리와 함께 뽀얀 먼지가 학교 전체에 자욱하다. 선수들은 나름대로 과별로 유니크한 유니폼을 맞춰 입고 같은 과 학생들의 응원을 받으며 우승을 위해 이 더운 날씨에도 사력을 다하여 뛴다. 그러나 애석하게도 아직까지 건축공학부 팀은 준준결승에도 올라가지 못하고 번번이 탈락하고 말았다.

오전에는 날씨가 쾌청해도 우기 철에는 오후 두 세시쯤 되면 운동장의 흙먼지가 깔때기 모양으로 말려 올라가는 격렬한 바람과 함께 마치 소방차가 호스로 뿌려대는 것처럼 비가 격렬하게 쏟아지는 날이 많다. 이런 때에는 실내에 있어도 바람소리와 빗소리가 실내 가득 울려 퍼진다. 모든 유리창들이 덜컹거리며 교

정의 나무들도 부러질 듯 활처럼 휘어지기 시작하고 나무줄기와 잎사귀들이 서로 비벼대는 소리도 바람소리 못지않게 요란하다.

거리를 걸어가다 이런 갑작스러운 비를 만나 우산이라도 펴게 되면 오히려 우산 때문에 더 큰 낭패를 볼 수 있어 우산도 필요 없는 짐이 되고 만다. 잘못 우산을 펴 들었다가 우산에 딸려 가 쓰러지기 십상이기 때문이다. 그저 근처 아무 곳에서나 잠시 비를 피하거나 그럴 상황도 아니라면 흠뻑 비를 뒤집어쓸 수밖에 없다. 그러나 이런 비도 십여분 남짓 내리다 그치고 언제 그런 일이 있었느냐는 듯 하늘은 잉크를 풀어놓은 듯 파래지고 마치 솜사탕을 눌러 붙여 놓은 것 같은 뭉게구름은 하늘 끝까지라도 닿을 듯 피어오른다. 그리고 햇살은 물로 흥건해진 땅 위로 또다시 내리 꽂히는데 살갗에 닿으면 마치 바늘로 찌르는 것처럼 따갑다. 그러면 지면에서는 목욕탕의 온탕 위로 김이 올라오듯 증기가 모락모락 올라온다.

유리창을 열면 습기를 잔뜩 머금은 후덥지근하고 끈끈한 공기가 흙냄새와 함께 금세 교실 안으로 덮치듯 밀고 들어온다. 손발에 오리발을 끼고 공중으로 뛰어오르면 헤엄이라도 칠 수 있을 만큼 습도가 높다. 비에 씻긴 푸른 잎사귀들에서 상큼한 초록의 냄새도 같이 묻어 들어온다. 한국에서는 결코 맡을 수 없는 냄새다. 지금은 건기인데도 며칠째 이런 날씨들이 이어지고 있다. 우기로 접어들면 몇 달간은 이런 날씨들이 계속될 것이다.

남 교수의 숙소는 시내 중심에서 그리 멀지 않은 곳에 있다. 그러나 학교는 시 외곽에서 좀 떨어져 있어 자동차로 30분 이상 걸린다. 숙소는 길 건너 집에 살고 있는 주인이 외국인에게 세를 줄 목적으로 지은 4층짜리 건물이라 그런대로 모양은 흉하지 않다.

남 교수는 이 건물 1층에 세 들어 있다. 전기도 잘 들어오고 에어컨도 달려있고 수도도 연결되어 있어 당분간 혼자 살기에는 전혀 어려움이 없다. 철판으로 만든 대문 가운데에는 손이 들어갈 만한 구멍이 나 있고 그 위에 덮개가 씌워져 있다. 이 덮개를 위로 젖히고 팔을 넣으면 빗장을 풀고 문을 열 수 있다.

대문을 열고 들어가면 좁은 마당은 콘크리트로 포장이 되어 있어 풀 한 포기 나무 한 그루 없다. 그러나 이렇게 하는 것이 풀 뽑을 일도 없고 벌레도 덜 꼬여 마당 관리가 편한 모양이다. 그러나 길 건너편 주인집 마당에는 커다란 망고나무가 두 그루나 있어 망고 수확철에는 주먹만 한 망고가 주렁주렁 달려있는 모습이 여간 탐스럽지가 않다. 월세 받으러 오는 주인집 막내딸이 이따금 수확한 망고를 신랑에게 쟁반에 받쳐 들게 하고 찾아와 남교수에게 맛보라고 건네주기도 한다.

왼쪽으로 돌아 들어가면 건물 출입문은 뒤쪽에 있다. 출입문은 뒷집 담장과는 거의 붙어 있어 이 부근에 들어서면 대낮에도 어두컴컴하고 축축하고 곰팡내 비슷한 냄새까지 난다. 출입문 바깥 위아래로는 커다란 자물쇠가 두 개나 달려있다. 조명등도 없는 저녁에는 칠흑 속에서 각각 맞는 열쇠를 찾아 자물쇠를 여는 일이 여간 어려운 일이 아니다. 그야말로 장님이 바느질하기다. 출입문 자물쇠 두 개를 다 열었다고 해서 건물 안으로 들어갈 수 있는 것도 아니다. 건물 출입문을 어렵게 열면 이제는 철제 파이프로 만든 방범문이 기다리고 있다. 여기에도 큼지막한 자물쇠가 하나 달려있어 이를 또 열어야만 비로소 건물 안으로 들어갈 수 있다. 그러나 여기부터는 벽에 달린 스위치를 올리면 전등을 켤 수 있어 출입문 자물쇠를 여는 것보다는 한결 수월하다.

처음 이사와 이러한 복잡한 절차를 거쳐야 비로소 방에 들어갈 수 있어 마치 감옥에 입감 하는 절차가 이런 것이 아닐까 생각해 본 적도 있었다. 몇 달 지나자 남 교수는 조금은 이런 일들에 그런대로 익숙해졌다.

1층 세대 현관문을 열고 들어서면 왼쪽에 주방이 있고 오른쪽으로는 침실 하나, 그리고 더 들어가면 거실이 나온다. 거실 앞쪽으로는 바닥까지 내려온 창문이 있어 마당 너머 대문을 정면으로 바라볼 수 있다. 거실 창문 앞으로는 또 철제 파이프로 만든 거대한 방범창이 붙어 있어 이곳만 바라보고 있으면 '내가 감옥에?' 하는 느낌마저 받는다.

집주인은 이 집을 남 교수에게 빌려주면서 이 방범창을 밤에는 꼭 잠가 두라고 몇 번인가 당부했다. 다음 생에서 지렁이나 바퀴벌레 같은 존재로 환생(還生) 하지 않기 위해서는 이 세상에 살면서 악행은 피하고 선행을 쌓아야 한다고 가르치는 종교를 국교로 가진 나라에서도 도둑이 있는가 하는 생각을 남 교수는 떨쳐버릴 수 없었다. 혹 주거침입이나 절도는 악행에 포함되지 않는가? 하는 생각들이 들지만 남 교수는 매일 밤 방범창 잠그기를 잊지 않고 지키고 있다.

남 교수도 처가 집안이 비록 좀 오래전 일이기는 하지만 익점이 아저씨가 중국에서 목화씨 몇 개를 훔쳐 온 전과(前科)가 있어 이들을 심하게 나무랄 입장은 아니다. 그러나 익점이 아저씨는 목화밭에 떨어진 씨앗 몇 개를 주워온 정도로 추측되지 남의 집 방범창을 뜯고 무단 침입하여 훔쳐오지는 않았으리라.

거실과 방바닥은 커다란 타일로 되어 있어 맨발로 다니기에 더운 이곳 사정에 알맞고 청소하기에도 편하다. 주방 싱크대 쪽으로는 창문이 없어 전등을 켜지 않으면 이곳도 항상 창고처럼 어두컴컴하다. 따라서 통풍도 거의 되지 않는다. 아침에 일어나 주방에 들어와 보면 매미 크기만 한 바퀴벌레들이 여기저기 죽어 누워있고 몇 마리는 내가 들어오는 소리에 놀라 날아다닌다. 바퀴벌레가 기어 도망가는 것이 아니라 날아다닌다니 ….

남 교수는 처음에 그 엄청난 바퀴벌레의 크기와 날아다니는 모습에 놀라 아침마다 주방에 들어가는 일이 여간 고역이 아니었다. 죽은 놈들은 쓰레받기에 쓸어 담아 버려야 할 정도로 그 숫자도 많다. 그러나 모기는 의외로 생각보다 많지 않다. 대신 천장 구석에 거꾸로 붙어 있는 도마뱀들과 방을 같이 써야 한다. 이것들이 방안에 들어온 모기들을 잡아먹어 주니까. 그 대가로 쌀알 크기만 한 그들의 검은색 분비물은 남 교수가 치워주어야 한다. 이따금 도마뱀이 먹다 남긴 모기 한 두 마리를 잡겠다고 모기향을 과도하게 피워놓으면 모기 대신 도마뱀이 모기향에 취해 천장에서 바닥으로 툭 떨어져 버려 남 교수를 기겁하게 만들기도 한다.

일층은 땅에 접해있어 개미의 출현도 일상이다. 한국에서는 절대 못 보던 종류의 개미다. 약간 붉은빛이 도는 개미로 크기는 2mm나 될까 하는 생각이 들 정도로 작다. 이런 개미를 유령개미라고 한다고 어느 선교사에게서 들었다. 유령개미라고 사람의 눈을 피하여 낮에는 숨어 있거나 밤에만 나와 몰래 다니지도 않는다. 더구나 이 개미는 혼자 다니지도 않고 항상 무리를 지어 수십, 아니 수백 마리가 줄을 지어 대낮에 그것도 당당하게 떼로 다닌다. 그러나 이 개미가 현지인들로부터는 다름 이름으로 불릴 가능성도 있다.

그 개미들이 무슨 이름으로 불리든, 설사 천사개미라고 불려도, 언젠가는 이 개미들을 집안에서 소탕해야겠다고 남 교수는 생각하고 있다. 일단 이런 개미가 집에 출몰하기 시작하면 이들과 공존하기가 무척 어렵다. 옷을 입을 때마다 뒤집어 보며 이 유령개미의 존재를 확인해야 한다. 식기며 컵, 심지어 책까지 사람이 가까이에 두고 사용하는 모든 물건들에 이 개미들이 붙어있다. 그러나 이곳 사람들은 바늘에 실 따라가듯, 사람 사는 곳에 이런 개미들이 따라붙는 것은 당연하다고 생각하는 듯 특별히 신경을 쓰는 것 같지 않다. 매주 방문하는 현지 교회 벽에도 이런 개미들이 가지런히 줄을 지어 다니건만 한 번도 현지인들이 이들을 신문지나 손바닥으로 때려잡는 모습을 본 적이 없다. 아니, 아예 관심조차 두지 않는다.

사람이 죽으면 이 세상에서 살 때 행한 짓거리에 따라 지옥에 떨어지기도 하고 동물로도 다시 태어나 끝없이 반복하며 여러 세계를 돌고 돈다는 윤회(輪廻)를 믿으며 살생(殺生)을 금지하는 종교를 국교로 믿는 나라의 국민들이라서 그런가? 이 개미를 죽이면 다음 생(生)에서는 자기가 유령개미로 태어날까 봐 두려워서 그런가? 하는 생각도 든다. 하지만 이들이 아침 식사로 즐겨 먹는 쌀국수에는 큼지막한 고깃덩어리가 들어있고 국물도 육수로 우려낸다. 점심으로는 볶은 소고기 조각을 얹은 고기덮밥을 즐겨 먹는다. 밤에는 모기를 잡기 위해서 모기향은 피워놓고 논밭에는 시도 때도 없이 농약을 뿌려댄다.

그들이 점심때 먹은 고기의 소나 모기향에 죽은 모기들은 전생에 누구였을까 하는 생각이 든다. 남 교수는 한 번은 저녁에 벗어놓은 옷 속으로 기어 들어온 이 개미에 물려 고생을 한 후로 이 개미를 어떻게 처치해 보아야겠다고 작심했다. 이 개미에 물리면 물린 곳이 벌겋게 부풀어 오르고 무척 가려워 참기 어렵다.

약도 없다고 한다. 이런 극심한 가려움이 짧게는 3-4일, 길게는 일주일 이상도 간다. 깨진 기왓장 조각을 하나 구해 벅벅 긁으며 참아내야 한다. 한국에서 모기에 물려 가려운 것은 가려운 축에 끼지도 못한다. 물린 곳이 하필 등짝 한가운데 손이 닿지 못하는 곳이라면 그 고통은 상상을 초월한다. 나중에는 분노심에 적개심마저 더하여 일어난다.

남 교수는 믹스커피를 마시고 남은 잔 속에 까맣게 모여든 개미 무리를 보고 난 후 한 가지 아이디어를 냈다. 우선 마트에 가서 최대한 넓은 포장 테이프 한 롤을 샀다. 그리고 약간의 꿀에 물을 조금 섞고 잘 저어 이를 개미들이 잘 지나다니는 길목에 오백 원짜리 동전 크기로 군데군데 잘 발라놓았다. 몇 마리 개미가 지나가다 이 냄새를 맡고는 다가와 더듬이를 휘저으며 무언가를 하더니 황급히 어딘가로 달려간다. 조금 지난 후에 보니 수백, 아니 수천의 개미떼가 꿀물 주위로 몰려드는 것이 아닌가.

남 교수는 테이프를 풀어 개미들이 몰려있는 쪽을 찍어내기 시작했다. 한 번에 수백 마리씩 찍혀 나온다. 이렇게 반나절 여러 번 반복하니 모여드는 개미의 숫자가 현저히 줄어들었다. 남 교수는 당분간 개미 걱정은 덜려나 생각했다. 그러나 딱 이틀이 지나자 개미떼는 원상태로 돌아가 버렸다. 그렇다고 이 짓을 이틀 건너 한 번씩 할 수도 없는 노릇이다. 남 교수는 이 짓거리를 포기하고 이들과 공존하기로 마음을 바꿔먹자 오히려 기분이 홀가분해졌다

— 02 —

현지 교회

남 교수의 주일 예배는 시내에 있는 다양한 국적의 사람들이 모여 예배를 드리는 교회에 출석하고 있다. 그리고 매주 토요일 오후에는 숙소에서 한 시간 정도 떨어진 현지인 교회의 청년들과 성경 공부를 하고 있다. 남 교수는 이 교회를 재정적으로도 약간 후원하고 있다.

도시 외곽에 위치한 학교에서도 교회로 가는 길은 비포장 4차선 도로를 차로 약 30분 정도 더 들어가야 한다. 가는 길 주변은 온통 푸른 논뿐이다. 지평선 끝까지 가물가물하게 이어진 논을 보고 있노라면 마치 시간이 정지해 있는 느낌마저 든다. 그러나 논은 한국과 달리 밀도 있게 줄과 열을 맞추어 벼를 심어 놓은 것 같지는 않다.

길가에는 이름을 알 수 없는 가로수가, 멀리에는 야자나무와 종려나무가 줄지어 서 있는 것이 보인다. 간혹 누가 일부러 심어 놓은 것 같지 않은 들풀에 피어난 꽃도 이따금 보인다. 그러나 남 교수가 그 이름을 아는 나무나 들풀은 거의 없다. 길가의 집과 마찬가지로 나무도 들풀도 온통 누런 먼지를 자연스럽게 뒤집어 쓰고 있어 '이 나무나 풀이 원래 이런 색인가'라는 생각이 들 정도이다. 가까이 다가가서 들풀에 핀 꽃의 향기를 맡으면 햇빛에 바랜 흙먼지 냄새가 난다.

길을 따라 넓게 펴진 논을 건너 아득히 점점이 흩어져 있는 나지막한 집들도 날리는 먼지가 아지랑이가 되어 가무 가물하게 보인다. 길을 가다 보면 이따금 나무나 콘크리트로 사람 키 높이의 기둥 위에 조그만 사원을 얹어 놓은 신당(神堂)을 볼 수 있다. 차나 오토바이들의 안전 운행을 위해 세워놓은 것이라고 하나 사거리 어디에도 교통 신호등이나 횡단보도는 볼 수 없다. 눈치껏 지나가야 하나 아니면 신당에 모든 것을 맡기고 과감하게 지나가야 하나 난감하다. 이런 신당은 길가만이 아니라 가정집을 비롯하여 가게, 주유소, 은행, 식당, 심지어 관공서 등 어느 곳에서나 볼 수 있다.

실내에 있는 신당 안에는 빨간색 전구까지 달아 놓아 처음 보는 사람으로 하여금 야릇한 분위기까지 자아낸다. 이곳 사람들은 여기에 매일 아침 공물을 드리고 소원을 빌며 기도를 드린다고 한다. 그들은 그들이 믿는 신이 이 작은 신당 안에 갇혀 있다고 생각하고 그렇게 하는 것일까 ….

교회는 비포장 4차선 도로에서 200미터쯤 안으로 깊숙이 들어가 오른쪽으로 다시 꺾어 100미터쯤 더 들어가면 온통 무성하게 자란 잡목들 사이에 정지 화면처럼 숨은 듯 웅크리고 있다. 마치 시간의 흐름이 멈춘 듯, 시간의 흔적조차 묻어있지 않은 것처럼 보인다. 눈에 띄는 뾰족탑이나 십자가도 보이지 않아 건물 입구 위쪽에 현지어와 영어로 '언약 교회'라고 조그맣게 써 놓은 글씨마저 없다면 이곳이 교회인지 알아보기도 어렵다. 이 글씨마저 햇빛에 바래 주의 깊게 보지 않으면 알아보기 어렵다.

길 폭은 차 한 대가 겨우 지나다닐 만한 정도지만 차가 거의 다니지 않아 도로는 실제 폭보다는 조금 넓게 느껴진다. 차 대신 물소들이 이따금 순박한 눈을 껌벅이며 마치 산보 나가는 동네 할아버지처럼 느릿느릿, 그것도 길 한가운데를 다닌다. 뛰어다니는 소는 본 적이 없다. 또한, 개처럼 혼자서 촐랑대며 싸돌아 다니는 소도 본 적이 없다. 늘 몇 마리가 떼를 지어 다녀 외출 시에는 온 가족이 함께 다니나? 하는 생각이 들 정도이다. 그러나 동네 주민 어느 누구도 이들을 탓하지 않는다. 심지어 길에 어른 주먹만 한 분뇨 덩어리들을 떨어뜨리고 다녀도 주민들은 이를 그저 무심히 피해 다닐 뿐이다. 한국에서 목동이 소 등에 올라앉아 피리를 불며 가는 모습을 그림으로 본 적이 있지만 여기에서는 사람이 소를 타고 가는 모습은 아직 보지 못했다.

이곳 소들은 한국에서 보는 소들과 모양이 많이 다르다. 우선 가죽색이 옅은 회색이고 목 바로 뒤 등뼈 부분이 유난히 튀어나와 있으며 뿔 모양도 한국 소와는 비교가 되지 않을 정도로 뾰족하고 높이 위로 솟구쳐있다. 그리고 속눈썹이 유난히 길다. 그러나 이들의 생애는 한국 소와 비슷하여 사람 가족들의 환호성 속에 태어나 일생을 논바닥에서 노동으로 사람에게 봉사하다 그것마저 기능을 잃어갈 때면 소시장에 내다 팔려 도끼에 맞아 죽어야 한다.

　　교회와 옆집과의 경계에는 부켄베리아 나무가 넝쿨을 이루며 한 줄로 심겨있다. 푸른 잎 사이로 빨간색 잎인지 꽃인지 모르는 것들이 두드러져 보여 이 나무만 따로 떼어놓고 보아도 여기가 열대 지방이라는 느낌이 생생하게 느껴져 온다.

　　건물 입구는 길가와 거의 붙어 있다. 철제 자바라 문을 옆으로 밀어젖히고 건물 안으로 들어가면 예배당과 유치원 교실 겸 식당으로 쓰는 홀이 나온다. 벽은 흰색 타일로, 바닥은 연회색 무늬 타일로 마감되어 있지만 군데군데 떨어져 나가고 타일이 떨어져 나간 자리는 누렇게 색이 바래있다. 벽 중간쯤에는 낡은 선풍기 두 대가 양쪽에 붙어 있어 그나마 더위를 식혀 주고 있다. 그러나 삐걱거리며 힘겹게 돌아가는 선풍기를 보고 있으면 선풍기도 더위를 먹어 지쳐 보인다. 벽과 천장이 만나는 구석에는 의례 귀여운 도마뱀 한 두 마리가 자기 자리인양 붙어 있고 벽에는 아니나

다를까 유령개미들이 줄을 지어 어디론가 지나간다. 너무 작아 주의 깊게 보지 않으면 잘 보이지도 않지만 한 마리도 줄에서 벗어나지 않고 앞서가는 동료 개미의 뒤를 따라간다.

이곳을 지나면 4평 정도의 교실 두 개가 나온다. 교실 벽에는 창문 쪽으로 낡은 칠판이 하나씩 걸려있다. 뒤쪽으로 조금 더 들어가면 간단한 주방이 있고 이를 지나 나무문을 밀고 나가면 뒷마당이 나온다. 마당 왼쪽으로 키가 크고 넓은 잎을 가진 파파야 나무 두 그루와 잭 프룻 나무 한 그루가 우두커니 서있다. 잘 익은 파파야를 반으로 가르면 가운데는 비어있고 그 둘레에 작고 까만 씨들이 빼곡히 붙어있다. 껍질은 처음에는 녹색이나 익을수록 늙은 호박 같은 누런색으로 변한다. 과육 부분은 진홍색이고 사람에 따라 호불호가 갈리는 특유의 냄새가 난다. 그러나 이곳 사람들은 그린 파파야를 요리 재료로 더 많이 사용하는 것 같다. 이를 얇게 채를 쳐서 식초를 뿌리고 약간 맵게 양념을 하면 김치가 그리울 때 훌륭한 김치 대용 식품이 될 수도 있다.

잭 프룻은 그 큰 과일이 나무에 매달려 있다는 것이 신기할 정도로 크기가 크다. 보통 한국의 수박 정도의 크기이고 겉은 녹색이나 껍질은 좀 거칠어, 보기에 그리 먹음직해 보이지는 않는다. 이를 자르면 속에는 연한 노란 속살 속에 큰 씨가 박혀있고 끈적끈적한 유액이 나오는데 먹고 나면 입 주변이 끈적거린다.

마당 오른쪽으로는 수동식 펌프가 하나 있다. 펌프 물은 받아 교회 식구들이 식수로도 쓰는 모양이다. 펌프 밑으로는 시멘트를 발라 무엇인가를 씻을 수 있도록 해놓았으나 몇 걸음 떨어지지 않은 곳에 허름한 재래식 화장실 하나가 생뚱맞게 서 있다. 화장실을 보고 있으면 '왜 하필 이런 곳에'라는 생각밖에는 들지 않는다. 넓지 않은 교회 뒷마당에는 모닝 글로리 줄기들이 빼곡히 자라나 기꺼이 가난한 이 교회 청년들의 저녁 찬거리가 되어준다. 맨밥에 기름에 볶은 모닝 글로리, 이것이 이들 저녁 주 메뉴이다.

건물 후면 앞으로는 호수가 누워있는 듯 펼쳐져 있다. 호수 이곳저곳에는 연잎이 넓은 부챗살을 펴고 올라와 있고 물이 깊지는 않은지 동네 아이들이 들어가 물장구치며 놀고 있다. 물장구칠 때 튀어 오른 물방울들을 연잎이 도르르 말아 흘러내려버리고 있다. 연꽃이 지고 씨가 영글어 연밥이 되면 그 속에 연자육이라는 열매가 맺히는데 이들에게는 훌륭한 간식거리이자 또 하나의 영양원이 되기도 한다. 이곳 사람들을 이를 날로 먹기도 하고 삶거나 볶아서 먹기도 하는데 맛은 땅콩처럼 고소하고 아삭아삭하기도 해서 씹는 맛이 있다. 한국으로 치면 심심풀이 땅콩이라고나 할까. 이것 말린 것이 이곳 사람들에게 약재로 쓰이기도 한다고 한다.

연밥 수확철이 되면 이를 광주리에 이고 팔러 다니는 행상들을 길거리나 버스 정류장 등에서 자주 볼 수 있다. 버스를 타고 멀리 가는 승객들이 이를 몇 개씩 사들고 타는 모습을 보면, 가는 동안 훌륭한 주전부리가 되는 모양이다.

남 교수도 연자육이 고혈압이나 당뇨에도 좋다는 말을 한국에서 들은 것 같기도 하다. 가끔 청년들이 호수에 그물을 던져 작지 않은 고기들을 건져내는 것을 보면 고기도 살고 있는 것 같고 이들에게 기꺼이 자신들을 반찬거리도 내어주고 있는 것 같다.

현지 교회 소피웁 목사는 사십 대 중반의 나이로 이곳에서 신학교를 나오셨다고 들었다. 부인과 딸 아들 하나씩, 이렇게 네 식구가 교회에서 몇 집 떨어진 어머니 집에서 함께 산다. 어머니를 모시고 사는지 아니면 어머니 집에 얹혀 사는지는 차마 물어보지 못해 아직은 모른다. 교회에서 나오는 헌금은 거의 없어 목사님은 직접 농사를 지어 가족들을 부양하고 있다. 주로 고구마와 가지, 그리고 한두 가지 종류를 더한 농사를 짓고 있는데 남 교수에게 채마밭을 보여준 적이 있다. 규모를 보니 겨우 자가소비용밖에는 되어 보이지 않았다.

교회의 출석 교인은 어른 어린이 청소년 모두 합하여 오십 명 내외이다. 어른들은 많아야 다섯 명 내외, 청년들이 열명 내외 그리고 나머지는 초등학교와 중고등학교 학생들이다. 이들은 남녀노소 구별 없이 모두 모여 주일 11시에 한 번 예배를 드린다. 어른들은 비록 물질은 빈곤했지만 마음은 풍요로웠던 어제를 말하고 싶어 하고, 청년들은 마음은 각박하더라도 물질이 풍요할 내일을 말하고 싶어 하지만 그들 모두 지금 손에 쥐고 있는 것은 살아내기 힘든 척박한 오늘뿐이다. 그들이 교회에 나오는 것이 내일의 구원을 위해서일까 아니면 오늘의 이 절실한 현실 문제 해결을 위해서일까?

소피읍 목사는 걸어서 20-30분 내외의 거리에 20-30명 정도 모이는 교회가 두 군데 더 있다고 한다. 그 교회 목사님들 역시 교회에서 나오는 헌금은 거의 없어 직접 농사를 지어 생계를 해결하고 있다고 한다. 남 교수가 소피읍 목사에게 목회 신념이나 교회의 표어가 있는지 물어보자 겸연쩍은 미소를 지으며 '하나님 사랑, 이웃 사랑'이라며 수줍은 듯 말하여 준다. 남 교수가 한국에서 다니던 교회의 표어는 '전 세계의 복음화'이었다.

건물 2층에는 방 두 개가 있는데 이 교회에서 기거하는 청년들 숙소로 쓰고 있다. 그들은 소피읍 목사의 먼 친척이 된다는 '라디', 영어 선생님 '빤냐하', 교회 리더 청년 '썸낭'과 주말에 신학교에서 돌아오는 신학생인 '다라', 이렇게 주중에는 세 명, 주말에는 네 명의 숙소로 사용되고 있다. 유치원 선생님인 '마카라'는 교회에서 십오 분 정도 떨어진 집에서 걸어서 출퇴근하고 있다.

이들 중 빤냐하와 썸낭은 타지역에서 왔고, 나머지는 이 동네 청년들이다. 마카라 아버지는 병중에 있고 마카라 어머니는 이 교회 주일 예배에 출석하고 있다. 이렇게 보면 교회 2층 숙소는 각자 자기가 꿈꾸는 세상으로 나아가기 위하여 언제 올지도 모를 기차를 기다리는 동안 임시로 모여있는 올 수도 갈 수도 없는 대합실 같은 기능을 하고 있다.

라디는 이들 식사 준비를 담당하며 교회의 잡다한 일들도 돕고 있다. 비록 빈약한 체격을 가졌지만 그는 높은 이상을 가지고 있다. 그래서인가? 그는 현실의 자기 처지와 꿈꾸는 이상 사이에서 힘들어하며 지그재그의 삶을 살고 있다. 그는 무신론을 믿는 나라의 국민으로 어울리지 않는 창조주 유일신을 믿는 교회에 기거하는 사람답게 '하나님은 없다'라고 대놓고 하나님 존재 자체를 부정하지는 않지만 때때로 '하나님은 과연 계시기는 한 걸까?'라는 의심을 품고 있는 것 같다. 하나님이 자기에게 자비와 사랑을 베풀어 이 지독한 가난으로부터 벗어나게 해 줄 아무런 대책을 세워 주시지 않아 보이기 때문이다. 그래서일까? 그는 믿음의 끄트머리에 간신히 매달려 있는 것처럼 보인다. 그는 자기 힘으로 한국으로 취업을 가서 큰돈을 벌어오는 것을 목표로 지금 열심히 한국어를 공부 중이다. 인터넷 사정이 열악한 이곳에서도 그는 한국어 배우기 모바일 어플 여러 개를 다운 받아놓고 틈만 나면 핸드폰을 들여다보며 열공 중이다.

그는 남 교수만 만나면 어쨌든 한국어로 대화를 시도해 보지만 혼자 어플로만 공부해서 그런지 몇 개월간 그를 지켜본 남 교수가 보기에 한국어 실력이 별로 늘은 것 같지는 않다. 영어 선생인 빤냐하는 이름 그대로 다재다능하여 못하는 것이 없다. 악기도 몇 개씩이나 다룰 줄 알아 주일 예배 때에는 기타와 키보드 반주도 한다.

그는 악기를 다루는 손으로 교실의 부서진 책상과 걸상을 고치기도 하고 우기에 빗물이 교회 마당 안으로 쏟아져 들어오면 땅을 파서 이를 호수 쪽으로 흘려보내는 토목공사 일도 한다. 그러는 그가 우물가에 있는 변소까지 청소하는지 남 교수는 잘 모른다.

그는 지금 교회 중등부 영어 교사로 A반과 B반, 이렇게 두 반을 맡고 있다. 알파벳과 초급 단어, 그리고 이를 조합한 간단한 문장을 가르치고 있지만 영어 동요도 함께 가르치고 있어 그가 맡은 반은 항상 아이들 노랫소리로 왁자지껄 소란스럽다. 그는 용모도 상당한 수준으로 특히 여학생들 사이에 인기가 높다. 그러나 그는 모든 사람이 죄지은 상태에서 태어나며, 하나님께서 믿는 자에게는 그가 누구든 상관없이 은혜로 죄를 사하여 주신다는 성경 말씀이 무엇보다 불공평한 것이 아닌가 속으로 생각하고 있는 것 같다. 그는 인간이 태어날 때부터 숙명적으로 안고 나온다는 죄도, 이를 사하여 준다는 예수의 속죄도, 이를 위하여 하늘에서 이유 없이 주어진다는 은혜도 믿기 어려워한다. 그러나 똑똑한 그는 성경 스토리는 지식적으로 훤히 꿰차고 있다.

그는 '모든 것이 우연히 일어나고 진행되는 것이 아니라 하나님께서 미리 정하신 대로 일어나고 진행된다면 인간이 죄를 지을 때 그 죄의 책임은 누구에게 물어야 하는가?' 등의 목사님이 답변하기 애매하지만 정곡을 찌르는 듯 보이는 질문을 이따금 날리기도 한다. 그렇지만 영어학원 운영에 큰 도움이 되는 선생이고 선천적으로 붙임성이 좋은 청년이라 그를 미워하는 교회 청년은 없다.

그는 행복한 삶에는 선업(善業)의 과보(果報)가, 고통스러운 삶에는 악업(惡業)의 과보가 있다고 알고 있었으나, 정작 현실세계에서는 착하게 사는 사람이 고통을 당하는 경우가 많은 반면에 악한 사람이 편안한 삶을 사는 경우도 드물지 않은 것을 보고는 이 논리 또한 혼란스러워하고 있는 중이다.

그의 아버지는 두 집 살림과 이로 인한 가정폭력이 심하여 빤냐하의 어머니는 일찍이 집을 나갔고 빤냐하도 집을 나와 임시로 이곳에 있다. 그는 고등학교를 졸업하자 그래도 그곳보다 시내와 가까운 이곳으로 올라왔으나 마땅한 거처가 없어 이곳 교회에 머물며 학생들을 가르치고, 시내에 있는 고급반 영어 학원을 다니면서 장차 유명한 영어 선생님이 되어 돈을 많이 벌 꿈을 갖고 있고 이를 실현하기 위한 의지도 강하다.

사람들은 무언가로부터 상처를 받으면 이를 덮어버리고 잊어버리려고 하지만 그는 구태여 그렇게 하려고 하지 않는 듯하다.

그렇다고 그의 아픔과 슬픔의 무게가 줄어든 것 같지는 않다. 다만 이에 대한 예민함만이 좀 줄어들었다고나 할까.

그는 혼자 주체할 수 없는 이 슬픔과 아픔의 무게와 맞서 싸우며 어두운 불행의 터널을 빠져나오려 교회 형제들과 이를 나누고 있는 중이다. 이전의 고통을 극복하려면 또 다른 새로운 고통이 필요한 것일까? 그러나 이것이 이전의 고통을 기억 속에서 다시 불러내어 그에게 더 큰 고통으로 이따금 다가오게 하는 것처럼 보이도 한다. 어쨌든 그는 이 고통스러운 기억들이 현실의 그의 기억 속에서 흔적 없이 바래어 지기만을 기다릴 뿐이다.

그는 홀로서기 위하여 어린 나이부터 치열하게 살아와야 했기에 고통이라는 것의 원인이 아버지의 무관심과 냉대, 그리고 이로 인한 가난 때문이라는 것을 몸으로는 익히 알고 있다. 하지만 그것이 성경에서는 사람이라면 누구에게나 똑같이 원인이 근본적으로 다른 곳에 있으며 고통의 실체 또한 다르게 정의되고 있다는 사실을 소피읍 목사를 통해 알게 되고는, 이해하지 못한 채 그저 견디어내려 했던 지난 힘든 시간들로부터 어느 정도 위안을 얻고 있다. 도저히 아물지 않을 것처럼 보이는 과거의 기억 속의 상처가 다시는 고통을 불러일으키지 않는 날이 오리라는 희망을 가지고 ….

그는 소피읍 목사가 사랑, 화해, 용서라는 말을 할 때마다 산이나 나무, 돌과 같이 그 단어들이 거기에 해당하는 실체를 과연 가지고 있는지 궁금해 했다. 또한, 그는 '하나님'이라는 단어에 대해서는 별 거부 반응을 보이지 않지만 아직도 '하나님 아버지'라는 단어에 대해서 만큼은 유독 심한 거부 반응을 보여 '하나님 아버지'로 시작하는 소피읍 목사의 모임 시작 기도를 조금 힘들어 하기도 한다.

그의 아버지는 지금 비록 물리적으로 떨어져 있어도 빤냐하는 아버지와 함께 했던 그의 길지 않은 삶 중에서 가장 고통스럽고 잊어버리고 싶은 기억들이 아직도 그를 잡고 무거운 중력으로 그를 짓누르고 있다. 빤냐하의 눈을 쳐다보는 남 교수는 그의 시선이 아직도 지나간 시간 속에 축적되어있는 쓰라린 기억들과 혈연으로부터 달아나려는 일의 어려움에 묶여 있다고 생각했다. 그러나 매주 주말에 갖는 성경 공부를 겸하는 청년부 리더 모임에는 빠짐없이 참석한다. 세상을 멀리 돌아서라도 그에게도 하나님의 사랑이 이르기를 고대하면서 ….

청년부 리더인 썸낭은 그 이름의 뜻이 행운과 복이라는데 그에게 이미 눈에 보이지 않는 행운과 복이 주어졌는지 아니면 아직 주어지지 않았는지 잘 모르겠지만 교회 청년부 리더라는 소임이 그에게는 이미 주어진 행운과 복일지도 모른다는 생각이 들 정도로 교회 청년부 형제들을 잘 섬기고 있다.

때때로 그는 예수 그리스도와 십자가에 못 박히신 그의 죽음 외에는 아무것도 알지 않기로 결심한 듯 세상일에 무관심하게 보일 때가 많다. 그렇다고 해서 그가 온갖 비리가 난무하는 그의 조국에 대해 비판적 또는 적대적인 생각을 가지고 그렇게 하는 것 같지는 않다. 그는 세상이란 원래 그런 곳이 아닌가 하는 생각을 길지 않은 삶을 통해 체험적으로 느끼고 있는 것 같다. 그래도 그는 생업으로 오토바이로 택시가 없는 이곳에서 택시 영업을 하고 있다. 주민이 어디까지 태워 달라고 하면 돈을 받고 그곳까지 태워다 주고 몇 시까지 데리러 오라고 하면 시간에 맞추어 데리러도 간다. 요금은 시간과 거리에 따라 물론 달리 받겠지만 그들 나름대로 어떤 기준이 정해져 있는지 남 교수는 자세히 알지 못한다.

그가 가지고 있는 전 재산인 오토바이는 남 교수가 보기에 굴러가는 것이 비정상으로 보일 만큼 낡았다. 남 교수도 시장 갈 일이 있어 몇 번 타 보았는데 비포장에 자갈이 많은 길을 뒷자리에 앉아 운전수의 허리를 부여잡고 그것도 땡볕아래에서 가는 일은 생각보다 쉽지 않다. 흙먼지와 함께 묻어오는 운전수의 땀 냄새를 참아내기 위해서는 많은 인내력을 요한다. 그러나 아무리 좁고 험한 길이라도 못 가는 곳은 없다. 호수를 오토바이로 건너가는 일을 빼놓고는 ….

오토바이를 타고 가다 갑작스러운 소나기라도 만나면 큰일이다. 방법은 두 가지가 있는데 하나는 그냥 속 편하게 홀딱 다 맞고 가는 경우다. 그러나 목적지에 내렸을 때의 몰골에 대하여는 신경을 꺼야 한다. 다른 하나는 오토바이 운전수의 비옷을 같이 입는 경우이다. 비가 자주 오는 이곳의 오토바이 운전수들은 대부분 커다란 비옷을 운전석 시트 밑에 한 벌씩 넣고 다닌다. 비가 내리기 시작하면 이를 꺼내 입으면서 뒷자리에 앉은 손님에게는 자기가 입고 있는 비옷의 등 쪽 안으로 들어오라고 비옷을 펼치며 무료 서비스를 제공한다. 그러나 그 속으로 머리를 들이미는 순간부터 숨쉬기는 포기해야 한다. 적어도 오 분 이상 숨을 참을 수 있는 분들에게만 추천하는 방법이 되겠다. 남 교수는 일 분 이상을 숨을 참지 못한다.

이곳에서 한 오토바이에 두 사람이 타는 건 기본이다. 다섯 명이나 되는 온 가족이 한 오토바이 앞뒤에 나눠 타고 가는 모습도 이따금 볼 수 있다. 심지어 자기 키보다 큰 물건을 팔을 뻗쳐 부들부들 떨며 부여잡고 오토바이 뒷자리에 앉아 배달 가는 모습도 심심찮게 볼 수 있다. 커다란 식탁 유리나 냉장고까지 이렇게 부여잡고 배달 가는 모습을 남 교수는 여러 번 보았으나 오토바이 사고를 본 기억은 없는 것 같다.

별을 뜻하는 다라는 지금 신학교 3학년 생이다. 다라는 집안이 너무 가난하여 아버지가 똑똑한 아들을 학교조차 보낼 형편이 되지 않아 소피읍 목사에게 아들의 교육을 부탁했다고 한다.

다라가 다니는 신학교는 주중에는 기숙사에서 학생들을 생활하게 하지만 금요일 점심식사가 끝난 오후에는 소속 교회로 돌려보내 교회를 돕도록 하고 월요일 오전 10시까지 학교로 돌아오도록 하고 있었다.

신학교는 외국인 선교 단체에서 현지인 목사후보생을 대상으로 세운 학교로 수업료와 기숙사 비용이 전액 지원된다고 남 교수는 현지 교회 목사를 통해 들었다. 그는 소피읍 목사의 목회 소신인 '하나님 사랑, 이웃 사랑'에 대해 남다른 애정을 갖고 있는 듯하다. 그러나 똑 부러지게 정의하기 어려운 '사랑'이라는 개념을 그는 나름대로 정의하고, 궁핍하고 척박한 환경에서도 이를 실현할 수 있는 방법을 찾기 위해서라도 성경 공부에 열심이다.

그는 신학교를 졸업하고 고향에서 이를 실천할 수 있는 교회를 개척할 꿈을 갖고 있다고 들었다. 그래서일까? 그는 유독 그곳 사람들에 대해 따뜻한 애정을 가지고 있고 그들과 동행(同行)하기로 결심한 듯 보인다. 금요일 오후 세시가 조금 지나면 다라는 교회로 돌아온다. 신학교와 현지 교회와의 거리는 오토바이로 약 삼십 분 정도 걸린다고 한다. 그렇게 가까운 거리는 아닌 듯싶다.

마카라는 가족이 주일 예배에 참석하는 유일한 청년부 소속으로 교회에서 운영하는 유치원 여선생님이다. 마카라 어머니는 남편이 반년 전쯤부터 아프기 시작하면서 마카라의 권유로 교회에 나오기 시작했다. 그전에는 줄곧 절에 다녔으나 남편이 병이 들자 무당도 찾아갔었다고 마카라 어머니는 소피읍 목사께 털어놓았다. 현지인들은 가족 중 누가 병이 들면 무당을 찾아가 치유를 기원하는 일이 어색한 일이 아니다. 많이들 그렇게 한다.

이곳 무당들은 종종 환자의 증상을 해석하여 귀신을 쫓아내는 굿을 하거나 병을 치료하는 다른 방법을 알려주기도 한다. 이곳은 불교를 국교로 정한 만큼 국민 대다수가 불교 신자이다. 그러나 이곳의 서민 생활에서 미신은 일상생활에 깊숙이 파고들어 앉아 있다. 각 지방마다 심지어 각 가정마다 자연재해, 위험과 질병으로부터 자신들을 지켜준다는 수호신이나 조상신을 모시고 있고 때를 따라 제단을 치장하고 제사 음식도 바친다. 심지어 나무나 짚등으로 형상을 만들어 집 앞에 세워두기도 한다. 어떤 사람은 복권을 사기 전에도 이에 빌기까지 한다고 한다. 그러나 이마저도 효험이 없었는지 마카라 어머니는 교회가 남편의 병을 고쳐줄지도 모른다는 마지막 소망을 가지고 교회에 나와 소피읍 목사에게 남편의 치유를 부탁했다.

마카라 어머니는 종종 "내가 전생(前生)에 무슨 죄를 지어서 이렇게…"라고 남편에 대한 연민(憐憫)에서인지 아니면 자신의 고생과 미래에 대한 불안에 대해서인지 모르나 홀로 모든 짐을 짊어진 채 소피읍 목사에게 하소연하며 하늘이 내린 벌을 지금 받고 있는 것이 아닌가 하는 생각으로 자신을 찌르고 있었다. 소피읍 목사에게 하소연하는 그녀의 목소리에는 울음기마저 배어 있었다.

마카라 어머니는 남편이나 자신이 전생에 무엇이었고 또 무슨 죄를 지었는지 알 수 있다면 지금 겪고 있는 이런 고통을 조금쯤은 받아들일 수 있을 텐데 그것을 모르니 마음에 평안도 없고 정신은 더 혼란스럽다고 했다. 그녀의 대답을 얻지 못한 의문은 두려움으로 증폭되어 마음속 깊이 번져나갔다. 인간 타락 이전에 에덴동산에서 하나님이 주시는 진정한 안식에 대한 기억이 없으니 하나님에 대하여도, 죄의 본질에 대하여도 인식이 전혀 없는 그로서는 당연한 혼란이 아닐까 ….

소피읍 목사는 마카라 어머니에게 그는 하나님이 택하여 부르신 백성이니 그가 아무리 멀리 떨어진 곳에 있든, 세상 어느 구석진 곳에 있든 버리지 아니하셨으니 두려워하지 말고 그를 붙들어 주시고 도와주시고 강하게 하시는 하나님을 믿으라는 말씀을 전했다.

소피읍 목사는 전생(前生)이 있다 하더라도 마카라 어머니가 축생계(畜生界)나 지옥계(地獄界)에 태어나지 않고 인간계(人間界)에 다시 태어난 것만 보아도 전생에 지은 죄가 설사 있다 하더라도 그리 큰 죄는 아닐 것이라고 위로하였다. 그러나 소피읍 목사는 사람에게 전생이란 없고, 따라서 전생에 지은 죄도 없으며 심지어 사람이 죽은 후에 짐승으로 태어나거나, 짐승이 죽어 사람으로 태어나는 윤회(輪廻) 같은 일은 절대 없다고까지 말했다고 한다.

라디, 빤냐하, 썸낭, 다라 그리고 마카라, 그들 모두는 오늘도 각자의 생각대로 각자가 원하는 방식대로 하나님의 사랑이 자기에게 임하기를 기대하며 견딜 수 없는 신산스러운 오늘을 견뎌내고 있는 중이다.

건축공정학

"한 건설공사는 수십, 수백 종류의 공종(工種)들이 거미줄처럼 연결되어 진행되지만 결국은 한 프로젝트의 완성을 향하여 진행됩니다. 각각의 공종을 적절한 때에 시작하고 바라던 품질로 끝맺음하여 프로젝트가 성공적으로 완성되게 하는 것이 건설공정관리 및 품질관리의 핵심입니다. 수많은 공정(工程) 중 필요 없는 공정은 하나도 없습니다. 모든 공정은 반드시 있어야 할 필연성이 있고 따라서 시작점과 주어진 기간 내에 끝나야 하는 지점이 있습니다. 그리고 이 공정에는 설계자의 의도가 충실히 반영되어야 하는 품질이 있고 이를 위하여 투입되는 재료와 작업자들 외에 눈에 보이지 않는 사람들의 수고도 있습니다. 설계에 조금이라도 이해가 가지 않는 부분이 있으면 반드시 설계자에게 확인하여야 하고 자기가 판단해서 마음대로 시공하여서는 안됩니다."

남 교수는 이어서 "세상의 모든 피조물도 이를 설계하고 만든 이가 없을 수 없습니다. 이는 마치 건물을 설계하고 만드는 설계자가 있는 것과 같은 이치이죠. 또한, 모든 건축물에는 사용자를 위한 설계자가 의도한 목적과 고유의 기능이 있습니다. 그리고 건물 안에는 그 건물의 용도에 맞는 비품들이 구비됩니다. 그 건물 용도에 맞지 않는 비품들은 그 안에 들여놓기 어렵습니다. 이는 도서관 열람실에 침대를 가져다 놓을 수 없는 것과 같습니다.

　건물은 설계자의 의도를 확실히 반영하고, 사용된 모든 자재가 흠집 없이 정확히 제자리에 놓이고, 사용자들이 편안히 사용할 때 비로소 하나의 완전한 창작물로서 생명이 부여됩니다"

　남 교수는 이렇게 말하며 오늘 '건축공정 및 품질관리' 수업을 마쳤다. 남 교수는 이 수업을 현지인 브라깻 교수와 같이 진행하고 있다. 처음 학교에서 브라깻 교수에게 남 교수와 같이 이 과목을 맡아 줄 것을 부탁하자 그는 CPM과 PERT 같은 공정표 작성은 공부해 본 적이 없다고 극구 사양했으나 남 교수가 적극 권하여 참여하게 된 교수다. 남 교수는 강의 전에 모든 강의 내용을 파워포인트로 작성하여 브라깻 교수에게 먼저 설명한 후 강의에 임한다. 물론 브라깻 교수도 남 교수와 함께 강의에 참석하여 남 교수가 학생들과 의사 소통에 어려움이 있으면 즉시 네이티브 언어로 해결에 나선다. 브라깻 교수는 '건축시공학' 강의도 담당하고 있다. 그가 남 교수에게 시공에 관한 사진이나 동영상 등 자료

도움을 요청하면 남 교수가 필요한 자료들을 제공하여 주고, 반대로 남 교수가 현지 건설현장에서 쓰이는 건축자재 샘플을 학생들에게 보여주기 위하여 부탁하면 그가 곧잘 구해다 준다.

브라껫 교수는 모든 일의 결과는 자기 하기 나름에 달려 있다고 생각하는 듯 말이 없으면서도 매사에 적극적이고 열심이다. 그는 '내가 생각하고 깨달은 것을 남에게 이야기해 주어도 헛일일 뿐이다'라고 생각하고 있는지 자기 생각이나 주장을 좀처럼 겉으로 드러내지 않고 남에게 싫은 소리도 하지 않으며 자기에게 주어진 일만 묵묵히 수도승처럼 해나가는 성격의 소유자이다.

학교 정책이나 이른 아침에 배정되는 강의시간에 대해서도 별 불평 없이 그대로 수용하는 편이다. 사람 성격의 진면목은 견뎌내기 어렵거나 나만 손해 본다고 생각되는 환경에 처하게 되었을 때 비로소 나타난다고 누군가가 말했다는데, 이런 면에서 볼 때 그의 성격이 그야말로 존경스럽기까지 하다. 그의 신조를 굳이 서양식 격언으로 표현하자면 '하늘은 스스로 돕는 자를 돕는다', 동양식으로 표현하자면 '인과응보'(因果應報)나 '자업자득'(自業自得) 쯤 될지 모르겠으나, 여기서 그가 생각하는 '하늘'은 물론 하나님은 아니다. 설령 그렇게 생각해도 낭패지만 ….

그렇다고 그가 믿는 부처님이라고 콕 집어서 말하기도 좀 어려울 듯하다. 한 번도 그와 비슷한 말을 하거나 부처님에 대한 믿음을 나타내는 행동을 본 적이 없으니까.

그에게 하늘은 자기 자신이 아닐까 하고 남 교수는 생각하고 있다. 그는 항상 교수들 사이에서 따돌림을 당하지 않을까, 뒤처지지 않을까 두려워하며 자기 자신을 겉으로는 낮추는 듯하면서도 성공을 위해서는 자신의 능력과 인간적인 수단에만 전적으로 의존하는 모습을 보이기 때문이다.

진정한 성공의 원천이 하나님의 도우심에 있는 것이 아니라 자신의 능력과 노력에 있다고 생각하는 대표적인 인물인 것 같다. 남 교수가 보기에 그는 대체적으로 불교 세계관을 가지고 있는 듯하지만 항상 그런 것 같지는 않다. 어떤 때는 돈에 초연한 척하다가도 또 어떤 때는 심하게 집착하는 모습도 보이기 때문이다. 그 역시 불교가 국교인 이 나라 사람이지만 아직도 마음이 물질을 다스리지 못하고 물질의 지배를, 그것도 크게 지배당하는 모습을 학교 다른 선생님들과 마찬가지로 종종 보여주고 있다.

그는 또한 겉으로 잘 드러내지는 않지만 스스로를 논리적이고 합리적이며 과학적인 사람이라고까지 자부하고 있는 것 같다. 따라서 그는 어떠한 이론도, 심지어 종교적 교리라도 실험, 관찰, 경험을 통하여 실질적으로 검증될 수 있어야 올바른 주장으로 받아들일 수 있다고 생각하고 있는 것 같다.

남 교수가 기회가 있을 때마다 슬그머니 하나님 이야기를 꺼내면 들어주는 척하기는 한다. 그러나 그는 하나님을 본 사람은 지금까지 아무도 없으니 그 존재의 진실성은 없으며, 따라서 내가 직접 보지 못하고 듣기만 한 것에는 의심이 갈 수밖에 없고, 의심이 간다면 그것이 무엇이든 간에 완전한 믿음이라고 할 수 없다는 입장을 고수하고 있다.

다른 많은 사람도 브라켓 교수처럼 하나님이 그의 삶에 구체적이고 실질적인 영향을 끼치기 전까지는 하나님을 단지 추상적인 관점에서만 생각하는 것 같다.

브라켓 교수는 지금까지의 그의 삶에서 하나님이라는 존재가 아무런 역할도 하지 않은 것처럼 보이기 때문에 하나님이라는 존재를 지금 와서 새삼스럽게 깨닫고 받아들여야 할 필요를 전혀 느끼지 못하고 있다. 그는 하나님의 도움이나 간섭 없이도 자신의 능력과 힘으로 지금껏 잘 살아왔다고 생각하기 때문에 하나님 없는 세상에서 살아간다는 사실 자체에 대해 별다른 두려움이 없는 것 같다.

성경은 '네 명철을 의지하지 말라'라고 했는데 그는 자기 영혼의 종착지는 어디인지에 대해서는 관심 없이 자기 명철로 단지 이 세상에서 성공하려는 의지만을 가지고 있는 것 같다. 남 교수를 만나기 전까지 성경책이 있다는 사실도 모르던 그였지만 남 교수가 억지로 쥐어 준 성경책 처음 몇 페이지는 들쳐 보았는지 그가 성경에 대해 알고 있는 단어는 God, Eden, Adam, Noah 그리고 church 이렇게 다섯 단어가 전부이다.

church라는 단어는 남 교수와 같이 몇 번 교회를 다니면서 자연스럽게 알게 된 단어인 듯하다. 그에게 성경책을 좀 읽어 보았냐고 물어보면 그는 '하나님이 에덴동산을 만드셨고 그곳에서 아담을 살게 하셨다. 그런데 어느 날 아담이 하나님의 과일 하나를 훔쳐 먹었는데 그것이 그렇게나 큰 잘못인지는 잘 모르겠지만 하나님은 불쌍한 아담에게 벌을 주시고, 그 후에 교회가 세워졌다.' 그는 이렇게 성경을 나름대로 정리하고 있다.

그가 이렇게 둘러대는 것을 보면 성경에 대해 어느 정도 알고 있는 것처럼 보인다. 그러나 정작 중요한 sin, salvation 그리고 Jesus는 모르고 있다. 여기까지 오는데 지난 학기 6개월이 걸렸다. 그래도 그는 성경과 예수 그리스도가 자기와 무슨 상관이 있나, 아직까지 이렇게 생각을 하고 있는 것 같다. 그렇다고 해서 그는 절대 둔재가 아니다. 국비유학생으로 뽑혀 외국에 유학까지 다녀온 이 나라의 소중한 인재이다. 가난하게 자랐다는 브라껏 교수는 사람에게 필요한 것이라면 무엇이든 많으면 많을수록 좋다고 생각하는 듯하다. 만약 신(神)이라는 존재가 있고 그도 사람에게 필요하다면 많은 것이 좋은 것이 아닌가, 그렇게 생각하고 있지 않을까 남 교수는 생각한다. 그러나 그가 사는 나라의 왕도 한 사람이고 총리도 한 명이며 그가 사귀고 있는 여성도 지금은 한 분뿐이다.

그는 현지인치고도 피부색이 유난히 짙고, 나이는 30대 중반을 넘어가고 있지만 아직 미혼이다. 30대 중반의 남자가 그 나이까지 싱글로 있는 것은 이 나라에서는 흔치 않은 일이다. 그러나 옆 건물의 다른 과 여자 조교 선생과 시내 어느 카페에 함께 있는 것을 보았다며 한 학생이 남 교수에게 살짝 귀띔해 준다. 그 학생은 둘의 나이 차이가 십 년이라고 묻지 않는 정보까지 남 교수에게 알려준다. 어떻게 이런 개인정보까지 학생들이 다 털어서 꿰차고 있는지 남 교수로서는 알 길이 없다. 다만 학생들의 놀라운 정보 수집 능력에 감탄할 뿐이다.

옆에 있던 학생들도 이 이야기를 듣고 낄낄거리지만 정작 본인인 브라깟 교수는 이 사실을 까맣게 모르고 있다. 그런 브라깟 교수도 남 교수가 강권해서 호주인 선교사들이 운영하는 교회의 주일 예배에 남 교수와 함께 참석한 적이 있다. 그러나 그는 한 번 참석해 보고는 더 이상은 가려고 하지 않았다. 영어로 하는 설교가 그에게는 큰 부담이 된 것 같았다. 그러나 현지인 목사님이 설교하는 현지 교회에 가자고 하면 별 군말 없이 잘 따라나선다. 언젠가는 친구까지 한 명 데리고 먼저 와서 교회 앞에서 남 교수를 기다리고 있기도 했다. 그렇다고 해서 그가 설교 말씀에 특별한 관심을 갖는 것 같지는 않다. 마음이 없으면 보아도 보이지 않고 들어도 들리지 않는 법인가? 남 교수 또한 그가 한 시간 남짓한 주일 예배에 몇 번 참석한다고 해서 30여 년간 굳어

온 그의 세계관이 쉽게 변하리라고 기대하지 않는다. 그의 관심은 예수, 구원의 설교 말씀보다는 교회 성가대 어느 여성 대원에게 온전히 쏠려있는 것 같아 보인다. 성가대 찬양이 끝나면 그쪽을 보고 열심히 박수를 쳐 대지만 서로 눈까지 맞추기에는 거리가 너무 멀어 보인다. 예배가 끝나면 그녀와 우연이라도 소매깃이 스치는 인연을 만들어 보려는 듯 교회 문 앞에서 할 일 없이 서성인다.

인연이 합쳐질 때가 생(生)이요, 인연이 떠날 때가 멸(滅)이라고 했던가. 남 교수는 멀쩡한 여 조교를 두고 또 다른 생(生)의 인연을 만들어 또 다른 고(苦)를 자초하려는 그의 소매깃을 끌어당겨 이를 멸(滅)해 주러 얼른 차에 태우고 점심을 먹으러 간다.

그는 학교 근처에 새로이 들어선 주택단지에 지어지는 연립주택을 지금 열심히 그리고 꼼꼼히 몰래 살짝살짝 보러 다니고 있는 것 같다. 그가 집을 꼼꼼히 보는 이유는 산이 거의 없는 이곳은 지대가 낮아 비가 조금이라도 많이 내리면 배수가 되지 않아 물바다가 되는 지역이 많기 때문이다. 그래서인가? 저지대 되메우기 용으로 쓸 흙을 실어 나르는 트럭들을 시내에서도 종종 볼수 있다. 산이 거의 없는 나라라 따라서 흙값도 상당히 비싸다고 한다. 간혹 땅을 잘못 사면 땅값보다 되메우기 흙값이 더 들어가는 경우도 많다고 한다. 이곳에 지어지는 연립주택은 말 그대로 양옆 집들과 벽이 붙어 있는 구조이다. 20-30 세대나 되는 집들이 연달아 길게 붙어있다. 한 세대에 해당하는 건물 폭이 5~6미터, 길이는 10~20미터 정도이며 사각형의 대지 위에 2층 또는 3층으로 올린 형태가 대부분이다. 따라서 주택의 양옆은 막혀있어 햇빛은 주택의 앞과 뒤쪽에서만 들어온다. 가운데 위치한 방은 채광이 안되어 어둡다. 대신 시원하기는 하다. 방음이 시원치 않으면 옆집의 소음이 고스란히 전달되어 온다, 1층은 2층이나 3층보다 층고가 조금 더 높고 보통 거실이나 주방이 1층에 있다. 대부분 마당이 없어 오토바이까지 1층에 들여다 세운다.

이런 형태의 집을 대로변에 지으면 보통 1층에는 가게를 내고 그 위는 살림집으로 쓰기도 한다. 주상복합 건물이라고 부르기에 손색이 없다. 바닥과 벽은 통상 타일로 마감하여 때나 먼지도 잘 끼지 않고 물청소하기도 쉽다.

"어제 보고 온 집은 마음에 들었습니까?"

남 교수가 브라껏 교수에게 물어보았다. 그는 싱긋 웃기만 할 뿐 잘 답을 하지 않는다. 그가 집을 살짝살짝 남 모르게 보고 다니는 이유는 지금은 숨기고 있는 비밀 연애 이야기가 공식적인 이야기로 이어질 수 있기 때문에 이를 사전에 차단하려는 의도인 것 같다. 혹시 부잣집 딸인 그녀와의 밀당에서 밀리고 있는 것은 아닌지 남 교수는 속으로 생각해 본다.

학생들에게서 들은 최신 업데이트된 정보에 의하면 그 여자 조교는 중국계로서 부모님들은 시내 중앙 시장에서 큰 옷 가게를 하고 있다고 한다. 이 말은 그 여조교의 집이 만만치 않은 집이라는 뜻도 된다. 물론 브라껫 교수는 남 교수가 자기에 대하여 이렇게까지 상세한 최근 정보를 알고 있는지는 까맣게 모르고 있다.

브라껫 교수는 먼저 집을 사고 이어서 결혼 계획을 발표하려고 마음먹고 있는 것 같다. 이곳 결혼 풍습도 신랑이 살 집을 마련하여야 하는지, 집을 사야 한다는 강박감인지 욕망인지가 그에게는 커다란 번뇌 같아 보인다.

'욕망에 얽매이게 되면 현실 세계는 고통스러운 지옥으로 감옥이 된다', '욕망을 가지고는 해탈할 수 없다'라고 불가(佛家)에서는 가르친다는데 정작 불교 국가의 국민인 그는 이 욕망이라는 감옥에서 벗어나 해탈의 경지에 이를 생각은 추호도 없어 보인다.

그는 이 욕망의 고통이 사회 환경과 같은 외부에서 자기의 의지와는 관계없이 오는지, 아니면 그의 물질에 집착하는 마음에서 오는지 성찰해 보려는 의지도 없어 보인다. 오히려 본인 자신의 노력으로 이 욕망을 채우면 해탈의 경지에 이를 수 있다고 굳게 믿고 있는 것 같다. 어쨌든 집 없이는 결혼도 없다, 한국 젊은이들과 이런 쪽으로는 생각이 같은 것 같다. 이것이 세계적인 추세인지 모르겠지만 ….

이곳의 또 다른 결혼 풍습으로는 신랑 측이 신부 측 어머니에게 결혼 사례금조로, 지역에 따라, 각자 형편에 따라 액수는 다르 겠지만, 적지 않은 돈을 보낸다고 한다. 그 이유는 신부를 예쁘고 건강히 잘 키워준 장모님에 대한 보답이라고 생각하기 때문이라 고 한다. 장인어른은 여기에 왜 빠져있는지 남 교수는 누군가에 게 물어보고 싶지만 그에 대한 답을 속 시원히 들려줄 사람을 아 직 만나지 못하고 있다. 아들 가진 입장에서는 한국에 이런 결혼 풍습이 없는 것이 다행이라고나 할까? 딸부잣집 입장은 어떨지 잘 모르겠지만 …. 그래서일까, 이곳도 벌써 결혼율이 점점 떨어 지고 있다고 한다. 퇴근길 시내 거리는 신호등에 따라 밀물과 썰 물이 번갈아 오가며 차량과 툭툭이, 자전거, 오토바이등이 뒤섞 여 요란한 소리와 함께 뒤에서 부연 매연을 내뿜고 오가며 예상 외로 복잡하다.

심지어 최고급 벤츠 승용차에 난데없는 소떼도 등장하여 이것 들과 뒤섞여 같이 걸어간다. 서로 속도가 다른 것들이 섞여 지나 가니 어디에 맞춰 속도를 내야 할지 그 기준을 정하기도 어렵다. 그저 함께 휩쓸려 갈 뿐이다. 그래도 경적을 울리고 신경질을 부 리는 차는 거의 없다.

차로를 건너려고 해도 아주 중심가 몇 곳을 제외하고는 횡단 보도가 없다. 설사 있다 하더라도 그려진지가 오래되었는지 아니 면 작렬하는 태양 빛에 색이 바래 버렸는지, '여기가 횡단보도였 습니다' 하는 흔적만 겨우 남아 있다. 그렇다고 해서 횡단보도가 아닌 곳에서 길을 건넜다고 교통경찰이 특별히 단속하지도 않는다. '뜨거운 날씨에 이것까지?'라고 생각하는 것일까, 수긍이 안 가는 것은 아니다. 따라서 이곳에서 차도, 그것도 6차선 대로를 건너기 전에는 전후좌우 양쪽 모두를 잘 살펴보아야 한다. 왜냐하면 여기서는 사방팔방에서 역주행이나 과속하는 오토바이와 차가 예상하지 못한 방향에서 갑자기 나타날 수 있기 때문이다.

출근길도 마찬가지다. 새벽어둠이 걷히기 시작하면 이곳의 아침은 오토바이 소리와 함께 시작한다. 속도 제한 교통법규가 있는지 모르겠지만 설령 있다고 해도 지키려는 사람도, 잡으려는 경찰도 별로 적극적이지 않은 것 같다. 출퇴근 길에 장례식을 마치고 장지로 향하는 관을 실은 운구차량이라도 만나게 되면 상황은 더욱 복잡하게 된다. 온갖 탈것들이 서행하는 운구차를 추월하지 않고 그와 보조를 맞추어 준다. 가끔씩 운구차에서 비록 프린트한 가짜 돈이라도 망인이 쓸 노자돈을 뿌려대면 무슨 행사의 퍼레이드에 참가한 대원이라도 된 기분이다.

오직 일 년 중 예외가 있다면 4월 초에 있는 이곳 설날 연휴기간이다. 이곳은 설을 일 년에 세 번 쇤다. 1월 1일과 음력 구정, 그리고 4월 초에 있는 이 나라의 고유 설날. 법정 공휴일은 3일이라고 하는데 보통 일주일 이상 열흘까지도 쉰다. 아는 현지인이라도 만나게 되면 때마다 '해피 뉴 이어'를 반복해야 한다.

구정 때에는 중국계 현지인들이 모두 쉬고, 4월 초 현지 설날에는 오리지널 현지인들이 모두 쉰다. 이때가 되면 상점도 거의 문을 닫고 교통량은 거의 삼분의 일? 아니 오분의 일 정도로 줄어드는 것 같다. 이때야말로 시내 거리를 쾌적하게 걸어 다녀 볼 기회이다. 식당도 거의 문을 닫아 이런 사정을 모르고 이곳을 찾는 외국인 관광객들은 본의 아니게 다이어트를 해야 한다. 이곳의 많은 차량이나 오토바이들은 대신 지방 고향으로 몰려들어 그곳으로 교통혼잡이 옮겨간다고 한다.

크리스마스가 이주일 후로 성큼 다가왔다. 불교가 국교인 이나라에서 크리스마스는 휴일이 아니다. 사람들은 평소와 다름없이 출근하고 일한다. 이곳 사람들에게 크리스마스는 예수의 탄생을 축하하고 기념하는 날이 아니라 그저 즐기고 파티하며 유흥을 즐기는 날 정도이다.

평소와 다른 점이 있다면 상점 앞, 호텔 로비 같은 곳을 형형색색의 조명등과 솜으로 만든 눈덩이를 얹은 크리스마스트리로 장식하고 화이트 크리스마스 같은 캐럴을 무한 반복 흘려보낼 뿐이다. 눈이라고는 내리지도 않는 나라에서 눈이라고는 본 적도 없는 사람들이 하이트 크리스마스라니 …. 언제 또 입으려고 사는지는 몰라도 두꺼운 산타 복장의 옷도 팔며 장식용품도 어느 나라 못지않게 많이 판다. 평소보다 술집은 또한 무척 붐빈다.

크리스마스 시즌은 '더운 여름'에 해당하는 건기로 그런대로 견딜만한 더위다. 그래도 '더운 여름'과 '아주 더운 여름'의 두 계절이 있는 이 나라 계절에 아직 적응하지 못한 남 교수는 견디기가 쉽지 않다.

오늘 아침은 기온이 20도까지 내려가 남 교수는 오랜만에 쾌적한 느낌마저 들었으나 지난밤에 추워서 한잠도 못 잤다는 학생들과 선생님들도 있다. 심지어 일부 학생은 털 스웨터를 입고 털모자까지 쓰고 학교에 왔으나 신발은 역시 맨발에 샌들 차림이다.

오토바이나 자전거를 타고 가는 사람들의 차림새 역시 이와 크게 다르지 않다. 맨발 샌들에 하얀 털 방울이 달린 빨간색 산타 모자를 쓰고 오토바이를 타고 거리를 달리는 모습이 보이기 시작하면 '아 이제 크리스마스가 다가오는구나' 이렇게 느끼게 된다. 계절의 변화와는 아무 관계없이 ….

— 04 —

청년부 리더 모임

이번 주 토요일 오후에도 성경 공부를 겸한 청년부 리더 모임
이 있어 남 교수도 시간에 맞추어 교회에 도착했다.

소피읍 목사는 남 교수에게 몇 달 전 성경 공부를 시작하기 전
에 성경의 개요에 대해 학생들이 알기 쉽게 정리해서 간략히 설
명해 줄 것을 부탁해서 남 교수도 공부해 가며 교재를 만들고 교
회 청년들과 나누는 중이다. 공부 중간중간 의문점에 대한 토론
도 이어진다.

남 교수도 토론에 끼어들기는 하지만 관념적이거나 추상적인
말은 하지 않으려 한다. 가급적 구체적이고 알기 쉽고 이해하기
쉬운 단어들을 사용하려 한다. 남 교수는 주제에 대하여 필요
이상으로 깊이 들어가도록 유도하지도 않고 또 그럴 필요도 없
다고 생각한다. 자칫 토론을 위한 토론이 되어버릴 수도 있기 때
문이다.

남 교수는 그들이 질문과 답변들을 통해 스스로의 생각을 정리하고 답을 구해 건전한 그리스도인으로 이 세상에서 믿음을 잃지 않고 살아갈 힘을 얻게 된다면 그것으로 족하지 않을까 생각하고 있다.

남 교수는 우선 성경 전체의 내용을 하나님의 영원 전 계획과 천지창조, 첫 사람 아담의 범죄와 타락, 하나님의 구원 계획, 예수 그리스도의 오심과 대속(代贖)의 죽음, 예수 그리스도의 부활 승천 그리고 다시 오심과 심판, 하나님 나라의 완성, 이렇게 요약하고 교재를 5개 파트로 나누었다. 그리고 각 파트 별로 10개 내외의 소주제(小主題)를 작성해 모임 때마다 3개에서 4개 정도를 공부하는 형식으로 진행하고 있다.

지난달까지는 제1파트의 주제인 '하나님께서는 세상을 창조하시기 전에 모든 일을 미리 정하셨습니다'(God predetermined everything before Creation)의 소주제로 '세상에는 참되고 살아 계신 창조주 하나님 한 분만 계십니다'(There is only one true and living Creator, God, in the word), '하나님은 영이시며 삼위일체로 계십니다'(God is spirit, and the Trinity), '하나님은 하나님 나라의 영광을 드러내시기를 기뻐하시고 이를 위하여 장래의 모든 일들을 미리 정하셨습니다'(God was pleased to reveal the glory of God's kingdom and predetermined everything that would happen in the future)까지의 공부를 마쳤다.

"사람이 건물을 짓기 위하여 미리 계획을 세우고 건축주(建築主)의 의도가 드러나도록 설계를 하고 순서대로 지어나가듯 하나님도 우주 만물을 창조하시기 전에 계획을 세우시고 하나님의 뜻이 드러나도록 모든 것을 순서대로 창조하셨지요. 여기에는 시간과 물질, 사람의 창조와 타락과 심판, 그리고 하나님 나라의 완성까지 모든 것이 포함되어 있습니다. 심지어 타락할 사람을 용서하시려고 예수 그리스도를 통한 구원의 계획까지 세우셨어요.

에덴동산은 하나님께서 아담을 위하여 특별히 구획을 지어 만드시고 앞으로 완성될 '하나님 나라' 즉 '천국'의 모델로 삼으셨어요. 이곳에 살게 된 아담에게는 그가 살아가는데 필요한 모든 것을 공급해 주시고 오직 한 가지 '선악을 알게 하는 지식나무의 열매만은 먹지 말라'라고 하셨습니다. 그리고 '만약 그것을 먹으면 네가 반드시 죽을 것'이라고 하셨습니다."

시작에 앞서 소피읍 목사는 지난 모임의 주제인 하나님의 창조 전 계획과 이번 주 공부할 내용을 이렇게 먼저 정리해 주셨다.

이번 주에는 제2파트의 주제인 '첫 사람은 하나님께 죄를 지었으나 하나님은 구원을 약속하셨습니다'(Although the first man sinned, God promised salvation)를 공부할 차례이다.

소주제 중에는 '하나님은 특별히 당신의 형상을 따라 사람을 창조하시고 번성하도록 복을 주셨습니다'(God especially created humans in the image of God and blessed them to prosper), '첫 사람 아담과 하와는 마귀 사탄의 유혹을 이기지 못하고 하나 님께 죄를 짓고 말았습니다'(Adam and Eve, the first humans, could not overcome the devil, Satan's temptation and sinned against God)와, '죗값은 반드시 치러져야 합니다'(The wages of sin must be paid) 그리고 '하나님은 죄를 지은 이들에게 여 자의 후손을 통한 구원을 약속하셨습니다'(God promised the salvation of sinners through the woman's offspring)가 포함되 어 있다.

육신의 아버지 없이 사람의 대표로 하나님이 직접 창조하신 아담은 에덴에서 단 하나의 제약만을 받으며 허락된 자유의지에 따라 무한의 자유와 모든 것을 무상(無償)으로 주시는 하나님의 은혜를 누렸다. 그러나 아담은 뱀의 모습으로 가면을 쓰고 다가 온 타락한 천사인 사탄이 던진 '선악을 알게 하는 지식나무의 열 매를 먹으면 너도 하나님같이 될 수 있다'라는 달콤한 미끼를 덥 석 물어버리고 말았다.

물고기가 미끼를 물 때 잡힐 수밖에 없듯, 사탄이 던진 미끼를 덥석 받아 문 아담은 하나님같이 되어 이 단 하나의 제약마저 없 는 세상을 탐하다 이곳을 폭력, 불의, 생존경쟁, 불공평 그리고 불안과 거짓으로 무한질주 하다가 결국에는 소망 없는 죽음으로 끝나버리는 처연(凄然)한 곳으로 만들어 버리고 말았다. 그리고 이 속으로 자신은 물론 그의 후손들도 내몰고 말았다. 모든 것이 탯줄을 통해 공급되던 안식처인 어머니의 자궁에서 밀려 나온 아이처럼 ….

절제 없이 남용된 자유의지에 따른 행위의 결과는 이처럼 엄혹(嚴酷)하였다. 이 아담의 욕망은 '내가 하고 싶은 일은 하나님의 간섭 없이 나 스스로 결정하겠다'라는 사탄의 바람이었는지도 모른다.

성경은 한 사람 아담을 통해 죄가 이 세상에 들어왔고 이 죄로 말미암아 그에게 죽음이 온 것같이, 아담의 후예인 모든 사람도 죄 때문에 죽게 되었다고 기록하고 있다.

호랑이는 호랑이의 후손으로 태어나서 고기를 먹을 수밖에 없고, 소는 소의 후손으로 태어나 풀을 먹어야 하는 존재가 되었듯, 사람도 아담의 후손으로 하나님을 떠난 죄인으로 태어나 죄를 짓다가 그 죗값으로 죽을 수밖에 없는 존재가 되고 말았다. 이제 아담이 스스로의 힘으로 얻어야 하는 모든 것은 피와 땀으로 치러야 하는 잔인한 죗값일 뿐이다.

아담에게는 그가 자초한 자기 욕망대로 살고 싶은 위험한 자유와 하나님같이 되었다는 껍질뿐인 자존심만 남았다. 이에 따른 책임이 그가 지은 죗값으로 오롯이 지워졌을 뿐이다. 이제부터 하나님은 더 이상 그와 함께 하시지 않는다. 아담의 후손들은 하나님이 함께 하시던 세상과 달리, 하나님이 함께 하시지 않는 세상이 얼마나 악하고 터프한 곳인지 맛보아야 했다.

그렇다고 모든 사람이 도덕적으로 흉폭하고 잔인하게 되었다는 뜻은 아니다. 그러나 도덕적으로 훌륭하게 살았어도 하나님과의 영적 나눔이 끊어져 하나님을 알거나 찾을 수 없게 된 상태의 결국은 역시 사망일뿐이다.

그럼에도 하나님은 이들이 다시 하나님 앞으로 돌아올 수 있도록 구원의 계획을 가지고 계셨다. 죽음이라는 단어는 생물 교과서에서나 읽어 보았고, 죄, 선, 악이라는 단어는 도덕 교과서에서나 들어보았을 젊은 교회 청년부 리더들에게 남 교수가 전하는 단어들은 이들에게 아직 성경적 의미가 새롭게 잡히고 있지 않은 듯하다.

"아담이 단 하나의 제약만을 받으며 모든 것을 거저 주시는 하나님의 은혜를 누릴 수 있었던 상태가 선(善)이고 에덴동산이 눈에 보이는 하나님 나라, 즉 천국의 모형이라면, 이와 대척점이 되는 악(惡)은 아담이 자초한 일의 결과인가요?"

라디의 질문에 구석에 얌전히 앉아있던 썸낭이 "그러면 하나님이 우주 만물을 창조하실 때 악도 같이 창조하신 것은 아니군요" 하고 확인하듯 되묻는다.

소피읍 목사가 말을 이어받았다.

"그렇게 보아야 우리가 하나님과 창조의 원리를 바르게 이해하고 있다고 볼 수 있지요."

"목사님이 말씀하시는 선이나 악도 도덕적으로 올바르고 착하면 선이고, 그 반대이면 악이 아닌가요?"

빤냐하의 질문이 이어진다.

현지어를 잘 모르는 남 교수를 위해 토론을 영어로 하여야 하기 때문에 영어에 능한 빤냐하의 발언이 자연스럽게 많아진다.

적극적인 성격의 빤냐하는 세상에 대하여 관심이 많고 세상의 악에 대하여도 나름대로 할 말이 많은 것 같다.

"그렇게 생각할 수도 있지만 선, 그리고 악에 대한 사람들의 기준과 생각, 그리고 하나님의 기준은 조금 다르다고 할 수 있습니다. 성경에서 말하는 선과 악은 하나님에 대한 믿음과 관련되어 있지요."

목사님이 빤냐하의 물음에 답을 하셨다.

"빤냐하 형제의 말이 우리 사회에서 일반적으로 생각하는 선과 악에 대한 기준으로는 맞습니다. 그러나 하나님은 우리가 하나님이 정해 놓으신 범위 내에 하나님과 함께 머물며 하나님이 말씀하신 법을 지키는 것을 선이라고 보십니다. 그러니 그 반대의 상태가 자연스럽게 죄(罪)가 되고 그 결과로 하나님을 떠난 상태가 악이 되는 것이지요."

소피읍 목사님의 부언이다.

"악이라고 하여 항상 사악하고 흉한 모습으로 우리에게 다가오는 것은 아닙니다. 오히려 우리의 생각과 달리 아주 평범하고 친절한 모습으로 우리에게 다가올 수 있습니다. 내 안에도 선과 악 이 두 마음이 있습니다. 우리가 이를 분별하도록 하나님이 우리에게 자유의지를 주신 것이 아닐까요? 사도 바울도 선한 일을 하려는 그에게 악이 함께 있다는 사실을 발견하고 몹시 괴로워했잖아요. 이 두 마음은 에덴동산의 아담과 하와의 마음속에도 이미 자리 잡고 있었을 수도 있었지요."

소피읍 목사의 설명이 길어진다.

"그러면 하나님은 에덴동산에 생명나무만 두시지 왜 선악을 알게 하는 지식나무도 함께 두셨나요?"

빤냐하가 다시 질문을 던진다.

"하나님은 자유의지를 가진 우리가 자원해서 악 대신 선을 택하기를 원하셔서 그렇게 하신 것이 아닐까?"

다라가 빤냐하의 질문을 받는다.

사람들은 선과 악이라는 상반된 두 가치를 모두 가지려 하는 것 같다. 현대 사회의 혼란도 이 상반된 두 가치 모두를 가지려는 사람들의 생각과 탐욕에 그 근원이 있는 것 같다.

악이란 대개 사람의 생각에서부터 시작되고, 악을 행했을 때 얻을 수 있는 것이 선을 행했을 때 보다 더 많을 것이라는 그릇된 기대 때문에 그런 것이 아닐까? 그러나 무너져버려야 할 생각이 무너지지 않고 내 안에서 버티고 있는 것이야말로 내가 대면하고 있는 가장 큰 장벽일 것이다.

악은 우리에게 은혜로 주어진 것들은 보지 못하게 하고, 우리에게 없는 것들에게만 집착하도록 우리를 유혹한다. 사람은 자기에게 부족한 것에 초점을 맞추는 한 자기가 은혜로 받은 다른 풍성한 것에 대한 감사를 잃어버린다. 빛과 어두움이 함께 있을 수 없듯이 우리는 선과 악, 이 둘을 다 붙들고 있을 수 없다. 내가 하나님과 세상 둘 다 붙들고 있으면서 나는 하나님만 붙들고 있다고 생각하고 있지는 않을까? 그러나 결정적인 순간이 되면 결국 하나님의 손을 놓고 세상이 내미는 손을 움켜쥘 수밖에 없는 것이 사람일까?

사람들은 갈수록 그의 자유의지에 따라, 믿음에 관계없이, 이제는 '유혹'이라는 촉매제가 없어도 그런 기회가 오면 또 아담의 뒤를 기꺼이 따라가려고 하지 않을까?

대부분 사람의 생활이 그러하듯 남 교수의 지나온 삶도 이 범주를 벗어나지 못했다. 모든 것이 은혜로 공급되던 에덴이라는 곳에서 아담은 살아서 진정 행복한 천국생활을 잠시 누려보았다. 그러나 그가 하나님께 이를 감사해했다는 기록이 성경에는 없다. 아담에게 감사하는 마음이 없었다면 이 마음에서 악의 씨가 잉태된 것은 아닐까?

아담은 더 나은 자신의 미래를 꿈꾸며, 실패하더라도 도전하는 정신으로 선악과를 따 먹었을까? 안전을 보장받는 제한된 자유보다 위험하더라도 하나님처럼 제한 없는 자유가 아담의 눈에는 더 좋아 보였을까? 그러나 무모한 아담의 도전 결과로 그가 밀려 나온 곳에 이제 하나님은 없다. 이곳에서는 말 그대로 개와 돼지의 언어가 오고 갈 뿐이다.

어린아이가 엄마와 함께 있을 때 진정한 행복을 느낀다면 사람에게 행복이란 어디서 무엇을 얼마만큼 가졌는가의 문제가 아니라 하나님과 함께 있느냐 아니냐의 문제일 것이다. "선악을 알게 하는 지식나무의 열매를 먹으면 죽을 것이라는 하나님의 말씀은 무엇을 뜻하는 것인가요? 아담과 이브가 그 열매를 먹었어도 즉시 죽지 않았잖아요?"

빤냐하의 질문이다.

"좋은 질문입니다. 이것은 '하나님의 말씀을 거역하는 불순종의 죄를 짓게 되면 하나님과의 관계가 끊어질 수밖에 없고, 그러면 그 결과는 육신의 죽음뿐만 아니라 영적으로도 죽을 수밖에 없다'라는 의미입니다. 따라서 하나님을 떠난 자는 지금 당장 육체적으로 죽지 않아도 그의 영(靈)은 하나님과 떨어진 상태가 되어버리고 육신도 결국은 죽을 수밖에 없는 존재가 되는 것이지요. '선악을 알게 하는 지식나무의 열매'는 이를 알려주는 상징물로 사용된 것이라고 볼 수 있습니다."

소피읍 목사의 설명이다.

"그렇다면 아담이 죄를 짓고 하나님과 영적으로 떨어진 상태가 지옥(地獄)이 되겠군요."

질문인지 독백인지 모를 썸낭의 간결한 정리에 소피읍 목사는 빙그레 미소를 지으며 앉아 있다.

"하나님 말씀을 어긴 죗값이 그렇게나 엄중한 것인가요?"

마카라의 질문이다.

"하나님 앞으로 사람이 다시 돌아오기 위하여 이 죄 문제는 반드시 해결되어야 하는데 하나님에 대한 사람의 죗값은 사람의 어떠한 노력으로도 치를 수 없기 때문이지. 오죽하면 하나님이 직접 오셔서 우리 대신 죗값을 치르시기 위하여 죽으셔야 할 만큼 그 죗값이 엄청났겠어."

다라가 목사님을 대신하여 답한다.

어느 이탈리아 작가가 상상력을 최대한 동원하여 쓴 소설 속에 묘사한 지옥의 모습은 끔찍하다. 그는 이 기회를 빌어 그와 개인적으로 원한 관계로 얽혀 있던 자들까지 지옥으로 보내버렸다.

작가는 영원한 고통이 있는 이곳에 들어오는 그들에게 이제부터 모든 희망을 버리라고 외친다. 여기에는 구원의 소망을 전혀 기대할 수 없는 곳이기 때문이다. 그러나 남 교수는 하나님 보시기에 폐허인 이곳에 오히려 세상의 모든 귀하고 아름답고 편한 것들이 다 모여 있지 않은가 생각해 본다. 아름다운 폐허인 이곳에 있는 사람들이 이것들에 온통 정신이 팔려 하나님을 찾지 못하게 하도록 ….

하나님 없이 살아온 사람들에게 지옥은 그저 또다시 하나님 없이 영원히 산다는 것을 의미할 뿐, 그 이상도 그 이하도 아니라고 생각할 수 있다. 지금까지 그들의 삶은 하나님 없이도 가능했으니까 ….

아담이 살아서 천국 생활을 잠시 누려보았다면, 천국은 사람이 죽어서 가는 곳이 아니라 오늘 이 땅에서 하나님 은혜에 감사하는 마음으로 사는 곳이 아닐까?

'선악을 알게 하는 지식나무의 열매'를 먹고 아담이 악한 지식까지 알게 되자 아담은 하나님을 떠났고 그 후로부터 아담은 힘든 삶을 살게 되었다. 하나님은 하나님 없는 삶이 어떠한 것인지 아담을 통하여 우리에게 알려 주시려고 그렇게 하셨을까?

그 후 아담의 삶은 고행길로 변해버렸다. 그러나 이를 우리에게까지 물려준 아담이 회개하고 하나님께 용서를 구했다는 언급이 성경에 기록되어 있지 않다.

그는 비록 930세까지 살았으나 한 아들이 다른 아들에 의해 죽임 당하는 모습도 보아야 했다면 그의 장수(長壽)가 그에게 과연 축복이었을까?

성경은 에덴에서 쫓겨난 그의 삶에 대하여 더 이상 자세한 기록을 남기지 않는다. 그는 두려움과 염려 속에서 그 긴 세월을 견뎌냈을 것이다. 그 후 그의 후손들은 그들이 원하는 대로 인생을 개척하며 온갖 기술과 문화를 만들어 나갔으나 결국 홍수라는 심판을 받고 말았다.

"그러나 하나님은 당신의 형상을 따라 창조하신 사람을 죄지은 상태 그대로 버려두시지 않으시고 구원을 약속하셨지요. 이것은 사람에 대한 하나님의 사랑을 의미합니다. 그리고 하나님은 우리에게 우리의 죄 문제 해결을 위하여 어떠한 요구도 하지 않으시고 우리의 생각과 방법을 버리고 하나님의 방법만을 믿음으로 붙들라는 요구만 하셨지요. 그 하나님의 방법이 여인의 후손으로 오시는 예수 그리스도이시지요?"

다라가 확신에 찬 어조로 반문한다.

"그렇지요. 사람들을 죄로부터 그리고 죽음으로부터 구원하려면 이는 죄 없고 의로운 자만이 할 수 있기에 하나님이신 예수 그리스도께서 죄인인 사람의 아버지가 아닌 처녀의 몸을 빌려 죄 없는 사람의 모습으로 오셔야 했지요. 예수라는 이름은 자기 백성을 그들의 죄에서 구원하실 자라는 뜻이고, 그리스도란 구원자, 즉 메시아라는 뜻이지요."

소피읍 목사의 결론으로 오늘 성경 공부는 끝났다. 공부와 모임이 끝나면 저녁 식사를 하고 마친다. 식사라고 해야 밥에 교회 마당에서 뜯은 모닝글로리 볶은 것 외에 호수에서 건져 올린 민물고기 튀김 몇 마리, 이것이 전부다.

남 교수는 여기서 숙소까지는 토요일 저녁이라 1시간 이상 걸려 저녁식사 시간까지 함께 하지는 못한다. 남 교수는 '오히려 내가 없는 것이 초라한 식사를 타인에게 보여주기 부끄러워할 수 있는 그들의 마음을 편하게 해 줄 수 있지 않을까' 생각하기도 한다.

밖으로 나서자 어느덧 밖은 어두워져 가고 있다. 밤이 깊어지면 교회 주변에서는 벌레 소리 외에 그 어떠한 인공의 소리도 들리지 않고 인공의 불빛도 거의 보이지 않는다. 흔한 가로등조차 하나 없다. 하늘에는 수천억 개의 별이 있다고 하지만 그 별빛들은 지금 어디를 비치고 있는지, 달빛마저 없다면 그야말로 무덤 속 같은 흑암의 세계이다.

그러나 교회 옥상에 올라 팔베개를 하고 바닥에 드러누우면 칠흑 같은 어두움 속으로 몸이 두둥실 떠올라 은하수 안으로 빨려 올라가 별들과 내가 뒤섞여 버리는 듯한 느낌이 올 정도로 별들이 가깝게 보인다. 한국에서는 볼 수 없는 개자리의 시리우스, 오리온자리, 남십자성이 선명히 보인다.

남 교수는 아마 오래 전의 초대 교회가 눈에 띄지 않는 이런 곳에 소박하게 숨어있지 않았을까 상상해 본다. 돌아오는 차창 너머로 멀리 보이는 집들은 이제는 날리는 먼지가 아닌 두꺼운 이불처럼 내려 덮인 어두움 아래에서 희미한 불빛을 하나씩 안은 채 달그림자처럼 고요히 가라앉아 있다. 지평선까지 뻗은 그 넓은 공간을 오직 짙어져 가는 어두움만이 가물가물 메워가고 있다.

— 05 —

포도원 주인

오늘은 한국으로 취업을 원하는 근로자들이 학교에서 한국어
능력시험을 치르는 날이라 수업이 없다. 그래도 이 집에서 하루
온종일을 보낼 수는 없기에 어디론가를 향해 일단 이 집을 나서
야 한다. 이곳에서는 한국으로 취업을 하러 가기 원하는 사람들
이 많아 한국어 배우기 열풍은 상당하다. 한국에 취업이 되어 가
면 한 달에 받는 월급이 이곳 반년치 수입과 맞먹는다고 한다. 그
래서 젊은이들은 다들 한국어를 배워서 한국에 취업을 가려고
하는 것 같고 심지어 이들의 인생 목표가 "우리의 소원은 한국
취업" 이라고까지 한다. 이를 반영한 듯 시내 곳곳에 한국어 학
원이 눈에 띄며, 몇몇 대학에는 한국어학과가 개설되어 있거나
교양과목 중 하나로 가르치고 있다.

이곳에서 한국어를 배운 학생들은 한국으로 취업하여 오기도
하지만 현지의 한국회사나 한국회사와 거래 관계를 맺고 있는
현지회사에 취업하기도 한다. 물론 대우는 한국어를 모르는 직

원보다 훨씬 좋은 편이다. 일부 학생은 관광차 이곳을 찾는 한국인을 대상으로 관광 가이드를 하기도 하고 한국에 있는 대학으로 유학을 가기도 한다. 남 교수가 있는 대학에서도 해마다 적지 않은 수의 학생들이 자매결연을 맺고 있는 한국의 대학에 유학을 간다.

한국에 취업을 원하는 이곳 근로자가 한국에 취업하기 위해서는 한국어 능력시험과 기능시험, 체력시험과 면접 그리고 건강검진을 받은 후 합격하면 한국의 사업체와 근로계약을 체결해야 한다. 근로계약을 맺고 사전 취업 교육을 받으면 한국에 취업할 수 있는 자격이 주어진다. 라디도 이번 시험에 물론 응시했다. 시험을 치르고 나온 라디는 이번 시험이 생각보다 어려웠다고 하면서 점수가 잘 나와야 하는데 걱정이라고 했다.

시험날이 되면 큰길에서 학교로 가는 4차선 도로는 차량, 툭툭이, 오토바이에 자전거까지 온갖 탈것으로 메워지며 2km가 넘는 길을 걸어서 시험을 보러 올라오기도 한다.

남 교수는 서둘러 집을 나섰다. 그런데 골목길이 심상치 않다. 트럭 두 대가 무언가 천막 재료들을 내리는데 아마도 근처에 있는 집에서 결혼식을 치르고 골목길에서 피로연을 벌일 모양이다. 결혼식은 집에서 가족, 친척, 가까운 친구들과 같은 알짜배기 사람들만 초대하여 치르는 반면, 피로연에는 조금이라도 알고 지내는 사람이라면 모두 초대하여 거창하게 치른다.

화려하기 그지없는 색깔에 장식용 조명등까지 달려있는 것을 보면 장례식용은 아닌 것 같다. 날씨도 건기이기 때문에 결혼식을 많이 하는 계절이기도 하다. 길을 온통 막고 텐트를 치기 때문에 자동차는 지나다닐 수 없다. 자전거나 오토바이 정도만 간신히 비집고 지나 갈 수 있지만 굳이 그렇게 하는 사람은 없다.

표지판이나 알려주는 사람도 없는데 이곳 사람들은 어떻게 미리 알았는지 군소리 없이 기꺼이 멀리 돌아 지나간다.

남 교수만 모르고 차를 몰고 들어갔다가 돌리지 못하고 뒷걸음 해서 빠져나온 적인 한 두 번이 아니다.

옆집에서 결혼식을 한다면 자기 집 앞까지 본의 아니게 옆집 결혼식 피로연 장소가 되어 버린다. 심지어 장사를 하는 가게도 가게 문을 아예 닫고 가게 앞을 피로연 장소로 기꺼이 양보해준다.

나도 언제든지 그럴 수 있으니 보험을 들어둔다는 생각에서 그렇게 하는 것일까. 그들 얼굴에 부처님 얼굴이 겹쳐 보인다.

장례식이 있을 때에는 천막의 색깔이 다르고 죽음을 상징하는 악어 모양의 하얀색 깃발이 내걸린다. 문상을 오는 사람들도 한결같이 흰색 옷차림이고 눈물도 보이지 않는다. 윤회를 믿어서 그런가? 다음 생(生)에는 무엇으로 태어날까 궁금해서 그런가?

다들 무표정한 얼굴들로 고개만 숙이고 앉아있다. 장례식이라고 해도 낮고 장엄한 음악 소리에 스님의 불경 외는 소리가 번갈아 나오는 것이 다를 뿐 길이 막히고 시끄러운 것은 동일하다. 한국이라면 상상도 못 할 일이다.

아무튼 결혼 피로연이 시작되기 전부터 동네가 떠나가라고 대형 스피커로 음악을 크게 틀어놓고 흥을 돋운다. 단전이 될 경우에 대비하여 소형 발전기까지 들고 온다. 이런 시끄러운 음악 소리는 보통 밤 10시까지, 심하면 12시까지 계속되기도 한다.

현지인이라면 이런 문화에 익숙해져서 그런지 집에 있을 수 있겠지만 외국인인 남 교수는 도저히 십 분도 집에 앉아 있을 수가 없다. 음악 소리에 창문이 덜컹거리고 귀청을 보호하려면 억지로라도 외출을 해야 한다. 그저 이 소란이 내일까지 이어지지 않고 오늘 밤 안으로 끝나기를 바라면서. 그러나 만만치 않은 집안에서 벌이는 피로연이라면 최소 이틀 아니면 삼 일간 이 고통을 감내해야 한다. 심지어 외부에서 가수까지 초청하여 오고 하객들이 함께 어울려 춤판까지 벌어진다. (그러나 남 교수가 한국으로 돌아온 후 이런 길거리 피로연은 나라에서 금지했다고 들었다)

한국 같으면 민원이 폭주하고 경찰이 출동했을지도 모른다. 아니 분명 출동했을 것이다. 신문에 나거나 '세상에 이런 일이'를 찍으러 방송국에서도 취재를 나왔을 것이다. 이곳에 앞으로 아파트가 많이 지어져 층간 소음 문제가 발생해도 이미 소음에 익숙해진 이곳 사람들이 소음 문제로 이웃을 살해하는 일 따위는 절대로 일어나지 않을 것 같다.

오늘 피로연 잔치를 벌이는 집은 딸만 셋을 둔 집인데, 오늘은 막내딸 결혼식 피로연이라고 주인집 막내딸이 귀띔해 준다. 이 나라에서는 형제자매가 많아도 친정 부모는 막내딸이 끝까지 모시고 산다고 한다. 그러기에 친정 유산도 막내딸이 상당 부분 물려받는다고 한다. 이 경우 막내사위는 당연히 데릴사위가 되어 이 집안의 온갖 잡다한 일들을 도맡아 해야 한다. 그러면 딸이 없는 집은 어떻게 하나 하는 의문이 들 수 있지만 남 교수는 그 것까지 신경을 쓸 겨를이 없다. 초청가수가 오고 판이 더 커지기 전에 서둘러 이 골목에서 빠져나가야 한다.

남 교수는 며칠 전 학교에서 잘 알지도 못하는 다른 과 현지인 교수의 결혼식 피로연에 초청을 받아 간 적이 있었다. 입구에 들어서니 신랑 신부 외에 들러리들도 신랑 신부와 비슷한 차림으로 여럿 서 있다. 신부는 화장인지 변장인지 모를 정도로 짙은 화장을 하고 신랑과 함께 하객들을 맞고 있다.

들러리는 보통 신랑, 신부와 친한 친구 또는 친척 중에서 고른다고 하는데 예상외로 들러리가 되는 조건이 까다롭다고 한다. 우선 미혼이어야 하고 가정사까지 물어본다고 한다. 가정 폭력의 전과가 있다고 알려진 집의 아들은 피하려 하고, 신부보다 더 예뻐 보이는 신부 들러리도 피하려 한다고 한다. 신부 들러리를 세 번 이상하면 결혼하기 힘들다는 이상한 속설까지 있어 신부 들러리 구하기가 더 어렵다고 한다. 이들은 결혼식날 새벽 4시부터 준비를 시작하여 끝날 때까지 신랑 신부 옆에서 신랑 신부를 돕고 하객을 안내하는 일을 한다. 어쨌든 그날, 초대받은 여자분들은 한결같이 짙은 화장에 전통복장 같은 드레스를 입고 나타났다.

입구에는 다산과 풍요를 상징한다는 바나나가 문 양쪽에 줄기째 달려있다. 다산과 풍요를 싫어하는 민족은 없는 것 같다. 여기에도 다산과 풍요, 저기에도 다산과 풍요. 그런데 지금 한국은 풍요만 있고 다산은 빠져있는 국가가 되었다.

피로연장 입구를 들어서면 열 명 정도가 앉을 수 있는 테이블이 열과 줄을 맞춰 배치되어 있고 하객들이 들어오면 테이블에 앉기 시작하는데 어떤 원칙과 순서에 따라 테이블을 골라 앉는지 남 교수는 잘 모른다. 어쨌든 테이블에 놓인 의자에 하객들이 다 앉으면 음식이 나오기 시작하는데 고기와 생선, 야채, 튀김 등 온갖 요리가 코스로 나온다. 외국인이라면 다양한 현지 음식을 한 자리에서 맛볼 수 있는 좋은 기회기도 하다. 물론 술과 맥주 콜라 등 음료도 같이 나온다.

식사를 하고 있으면 신랑 신부가 테이블을 돌면서 하객들과 인사를 나눈다. 한 번만 그러는 것이 아니라 옷을 바꿔 입어가며 몇 번을 그렇게 한다. 이때 신랑 신부의 들러리들도 동행한다. 신랑 신부를 잘 모르는 남 교수 같은 사람은 여러 쌍의 합동결혼식에 온 것이 아닌가 하는 착각을 일으킬 수도 있다.

한 테이블에 앉은 하객들은 음식이 담긴 큰 접시를 돌려 가며 자기 그릇에 음식을 덜어 먹는데 그 테이블에 외국인이 앉아 있으면 체면을 중시하는 이들이 음식을 조금만 덜거나 손을 잘 대려고 하지 않는다. 테이블 위의 맥주에도 거의 손을 대지 않는다. 남 교수는 이를 나중에야 알았다. 남 교수는 조금씩만 음식을 더는 그들을 보고 '아 이분들도 다 다이어트를 하시는구나' 하고 생각하고 8시가 조금 못되어 자리에서 일어났다.

식사가 거의 끝나고 피로연에 초청받은 자들이 돌아갈 즈음에 지갑에서 돈을 꺼내 축의금 봉투에 넣고 이를 신랑이나 신부 측에 건넨다. 축의금은 얼마를 내야 할까 결정할 때 가장 크게 영향을 주는 것은 결혼식에서 하객들에게 제공되는 식사의 질에 있다고 한다. 피로연에서 제공되는 음식을 다 맛보고 흡족하게 생각되면 조금 더 많이 내는 것일까.

나중에 남 교수는 초청한 측에서 피로연에 참석한 축하객의 이름과 이들이 낸 축의금의 액수를 따로 장부에 기록해 둔다는 말을 들었다. 후에 자기가 초청을 받으면 이 장부를 들쳐 보고 참고로 할 생각인지…

결혼식에 피치 못할 사정이 있어 참석하지 못한 초대 하객들은 나중에라도 축의금만큼은 꼭 전달해 준다고 한다. 이날 피로연에 참석한 다른 교수로부터 새벽 세시에 피로연이 끝났다는 이야기를 들었다. 다음 날 아침 학교에 들어선 남 교수 눈에 트럭에 가득 실린 빈 맥주병 상자가 눈에 들어왔다.

이렇게 남에게 보여주기 식의 일회용 이벤트로 잠시 반짝이는 가상세계로서의 결혼식이 끝나면 이제 그들을 기다리고 있는 것은 쉽지 않은 슬기로운 결혼 생활의 유지라는 엄혹한 현실세계일 것이다. 그렇다고 하여 현지인들 모두 이렇게 호화스럽게 결혼식을 올릴 수 있는 것은 아니다. 그저 극히 일부 현지인에게나 가능한 일일뿐 대부분의 현지인들은 아직 깊은 가난의 수렁에 빠져있다.

요즘에는 부(富)라고 하면 단순히 돈이나 재산만을 의미하지 않고 권력, 인기, 학벌, 재능, 명예, 체력 심지어 외모까지, 남보다 우월하다고 생각할 수 있는 모든 요소를 다 망라하고 있는 것 같다. 이제 부는 세상에서 단순한 경제 도구가 아닌 세상 권력의 척도가 된듯하다. 세상이 경제적, 문화적, 기술적으로 모든 면에서 발달하면서 이전과 달리 물질적 부를 얻을 수 있는 방법도 실로 다양해졌다. 그만큼 타고난 재능도 중요해졌고 이를 뒷받침하여 줄 부모의 능력이나 열성 그리고 이를 얻기 위한 투자 비용도 엄청나게 올라 그렇지 못하여 가난의 수렁으로 밀려난 사람들은 여러모로 고통과 시험을 당하고 있는 것 같다.

그러나 가난만이 우리에게 고통과 시험을 주는 것은 아니다. 부유함도 가난 못지않게 우리의 믿음을 시험하러 달려든다. 그러므로 가난과 부, 이 두 가지는 그리스도인의 믿음을 유혹하는 가장 흔한 시험이라고 할 수 있다. 눈에 보이지 않는 악한 세력은 바로 이 문제로 우리의 믿음을 시험하려고 하기 때문이다. 그렇다고 하여 물질을 악하다고 결코 말할 수는 없다. 물질은 하나님께서 생명 있는 모든 것의 기본적인 필요를 채워줄 수 있도록 선하게 만드셨다. 그러나 타락한 인간이 이에 집착하여 탐욕의 대상으로 물질을 바꾸어버리는 순간 물질이냐 하나님이냐, 둘 중 하나를 선택하도록 우리를 유혹하여 결국 우리를 하나님으로부터 멀어지도록 만든다.

우리가 특히 물질에 유의하여야 하는 이유는 그것이 우리에게 모든 것을 무상으로 주시는 하나님의 은혜의 법칙에 반하여 사람의 노력에 기초하는 보상의 법칙을 따르도록 하여 철저히 나 중심의 세계, 힘이 중심이 되는 세계를 만들어 이웃을 나의 뜻대로 지배하려 하는데 이는 하나님 사랑과 반대되기 때문이다.

성경은 물질의 가난보다 하나님 말씀이 없는 영적(靈的) 가난에 더 주목하고 있다. 물질적인 부와 가난은 하나님이 사람을 당신의 백성이냐 아니냐를 평가하시는 기준이 결코 아니다. 내게 물질이 얼마나 있느냐 없느냐 보다 내가 하나님의 백성이냐 아니냐가 더 중요하기 때문이다.

이렇게 보면 가난과 부는 물질 소유의 다과(多寡) 문제가 아니라 내게 하나님이 있느냐 없느냐의 문제로 볼 수 있다. 부자라고 다 악한 자들이고, 가난한 자라고 다 선하다고는 생각할 필요도 없고, 가난한 자가 없는 사회가 정의로운 사회라고 생각할 수도 없다. 개인이 선하다고 해서 사회가 선하게 되는 것도 아니기 때문이다. 그러나 공동체 내에서 부요한 자들이 가난한 자들을 돌보아야 하는 이유는 가난한 이들이 공동체에 남아 있다는 것은 하나님이 부요한 자들에게 주신 물질을 어떻게 써야 하는지 가르쳐주시기 위함이 아닐까.

성경에는 부자가 가난한 자를 어떻게 대하여야 하는지 엿볼 수 있는, 예수께서 비유로 설명하여 주신 구절이 기록되어 있다. 물론 이 비유는 예수께서 하나님 나라를 비유로 설명하시기 위하여 하신 말씀이다. 이 비유의 이야기는 다음과 같다.

어느 이른 아침, 포도원 주인이 자기 포도원에서 일할 일꾼을 구하려고 나가서 하루 품삯을 한 데나리온으로 정하고, 일꾼들을 포도원으로 들여보냈다. 오전 9시쯤 또 시장에 나가 아직 일거리를 못 구한 사람들을 보고 이들도 포도원으로 들여보냈다. 또 정오와 오후 3시쯤 그리고 오후 5시쯤에도 포도원 주인은 놀고 있는 일꾼들을 찾아 자기 포도원으로 들여보냈다.

일이 끝나자, 포도원 주인은 맨 나중에 온 사람부터 품삯을 주기 시작했다. 맨 나중에 온 사람들도 한 데나리온씩을 받았다. 그러자 아침 일찍부터 온 사람들은 그보다 더 많이 받을 것으로 기대하였다. 그러나 그들이 받은 품삯 역시 한 데나리온씩뿐이었다.

일찍부터 온 사람들이 포도원 주인에게 "아니, 이게 뭡니까? 온종일 일한 우리들을 어째서 한 시간밖에 일하지 않은 저 사람들과 똑같이 대우하십니까?"

그러자 포도원 주인은 "이보시오, 나는 당신에게 잘못한 것이 아무것도 없소. 하루 품삯으로 한 데나리온을 받기로 애초에 나와 약속하지 않았소? 그러니 당신 품삯이나 가지고 돌아가시오. 나중에 온 사람에게도 똑같은 품삯을 주기로 한 것은 어디까지나 내 마음에 달린 것이오. 내 돈을 가지고 내 뜻대로 하는 것이 뭐가 문제란 말이오? 내가 인심을 베푼 것이 당신 비위에 거슬린단 말이오?"

이 비유에서 포도원 주인은 품꾼들이 얼마나 오래 일했는지에 관계없이 모든 노동자에게 동일한 임금을 지불한다. 포도원 주인은 자기 포도원에 일하러 들어온 품꾼들이라면 그들이 얼마나 오래 일을 했는지에는 관심이 없어 보인다. 포도원 주인에게 자기 포도원에 일하러 들어온 품꾼이라면 다 똑같은 삯을 받을 수 있는 품꾼으로 본 것이다.

이 비유에서 하나님 나라에서의 하나님의 은혜는 사람의 생각과 방식과는 다르게, 사람의 과거의 행위나 공로와 관계없이 모두에게 공평하게 베풀어진다는 점을 강조하고 있다. 하나님과 사람과의 관계는 근로기준법에 근거를 두고 있는 것이 아니라는 것이다. 포도원 주인에게 이웃이란 나와 같은 종교를 믿는 자가 아니라 나의 도움을 필요로 하는 자였던 것이다.

하나님은 우리를 보실 때 우리가 부자이든 가난한 자이든 별 관심이 없으시고 다만 하나님의 포도원에 들어와 있는지 아닌지만 보시며, 하나님 나라에서는 모든 사람이 이 포도원 주인과 같은 마음으로 이웃에 관심을 가지고 사랑하는 마음으로 사는 곳임을 알려주시려고 이 비유를 들려주신 것이 아닐까.

썸낭은 오토바이로 택시 영업을 하고 있어 이 지역 일대의 지리를 훤히 꿰차고 있다. 그는 요즈음 이 일대가 예전과 달리 빠르게 변해가고 있는 모습을 보고 있다. 논을 메우고 공장들이 하나 둘 들어서기 시작하고 있다. 덩달아 식당, 상점 그리고 공장 직원들에게 빌려줄 숙소 건물들도 하나 둘 들어서고 있으며 시골에서 올라오는 젊은 층 인구도 급격하게 늘어 썸낭의 일거리도 조금씩 늘어나고 있다. 교통도 더욱 혼잡해졌다.

소피읍 목사도 지금 이곳에서 새롭게 벌어지고 있는 현상들을 주의 깊게 보고 있다. 자기 나라의 부요한 자들이 포도원 주인과 같은 하나님 사랑을 가지고 가난한 이웃을 사랑하는 마음을 가지기를 원하면서 ….

남 교수는 오랜만에 수업이 끝나고 브라껫 교수와 시내에 있는 한 카페에 들렀다. 카페 입구 문은 거리에서 몇 계단을 걸어 올라가야 나온다. 계단 양쪽으로는 나무 데크가 설치되어 있고 여기에도 테이블이 놓여있다. 카페 문 왼쪽 벽에는 흰색으로 'Annabel Lee'라고 카페 이름이 쓰인 나무 패널이 붙어있다. 그러나 이 카페는 바닷가가 아니라 도심에 있다.

카페 문 색은 '이브 클라인 블루', 비슷하다. 울트라마린 계열의 깊고 진한 색으로 색감만으로도 시원한 느낌을 준다. 프랑스 예술가인 이브 클라인은 자신만의 이 색을 개발해서 인터내셔널 블루 클라인(IBK)으로 이름 짓고 특허까지 냈다고 한다. 그래서일까? 카페 주인은 프랑스인이라고 한다. 미국 시인과 프랑스 미술가를 조합한 듯한 이 카페는 그 문을 경계로 밖과 안은 전혀 다른 세상으로 나뉜다.

에덴동산의 울타리를 경계로 그 안과 밖이 전혀 다른 세상이듯. 카페 안은 공기부터 다르고 그 공기에 스며있는 냄새와 소리가 밖과는 전혀 다르다. 밖에는 생존의 현장에서 맡고 들을 수 있는 치열한 냄새와 소리로 차있다. 그러나 카페 안의 공기는 향기로운 커피 향을 품고 있고 바흐의 파사칼리아 피아노곡은 이 공기가 귀까지 감미롭고 경쾌하게 해주고 있다.

창문에는 하얀 블라인드가 반쯤 내려와 있고 창문 밖으로 장독대 같은 화분에 심기운 관엽수들이 놓여 있다. 동쪽으로 면한 창 밖의 관엽수들은 너무 무성하여 그 자체가 블라인드로서 역할을 충실히 해내고 있다. 벽에 붙어있는 메뉴판에는 영어로 적혀있는 메뉴 아래에 조그만 글씨로 프랑스어로도 쓰여 있다. 그러나 현지어로 쓴 메뉴는 보이지 않는다. 현지인들의 모습도 서브하는 여종업원 외에는 거의 보이지 않는다.

메뉴판에는 커피 몇 종류와 블랙 티, 그리고 스콘과 샌드위치 몇 종류가 적혀있다. 블랙 티 밑으로 얼그레이와 다르질링 두 종류가 표시되어 있고 가격은 같다. 남 교수는 얼그레이와 다르질링 홍차 맛의 차이를 잘 모른다. 늘 아메리카노만 마셔왔으니까.

남 교수는 에스프레소 커피를 주문한다. 더운 나라에 있는 이 카페에 정작 아이스 아메리카노라는 메뉴는 없다. 그래도 아이스 아메리카노를 꼭 마셔야겠다면 얼음과 냉수 한 컵을 따로 달라고 해서 주문한 에스프레소를 여기에 부어 자기 자리에서 자기가 직접 만들어 마셔야 한다. 따라서 빨대도 별도로 제공되지 않는다.

한국의 젊은이들은 한 겨울에도 아이스 아메리카노만 줄곧 마셔대지만 이곳 사람들은 진한 뜨거운 커피에 연유를 듬뿍 부은 커피를 줄곧 마셔댄다. 현지인이 운영하는 카페에 가서 아무 생각 없이 그저 '커피!' 하고 주문하면 잔을 두 개 준다. 한 잔에는 탕약 같은 진한 커피, 다른 한 잔에는 연유가 담겨 있다. 커피잔에 연유를 가득 붓고 잘 휘저은 후 마신다. 이를 처음 맛본 남 교수는 너무 달아 삼 분의 일쯤 마시고 나머지는 남겼다.

현지인 선생님들과 이곳에 들리면 그들은 한결같이 이 커피만 주문한다. 내가 커피값을 내겠다고 해도 그들의 아메리카노에 대한 반응은 한결같이 "노(No)"이다. 이 쓴 것을 굳이 돈을 내고 마셔야 할 이유가 없고 구태여 마신다면 커피는 무조건 달아야 한다는 것이 그들이 커피에 대하여 가지고 있는 일관된 신조이다. 거의 신앙에 가깝다. 그들이 하도 진지하길래 어떤 때는 '나도 한번 더 트라이해볼까' 하는 생각마저 들 정도이다.

06

이웃 사랑

오늘은 현지 교회 청년부에서 심방 및 거리 전도를 나간다고 하여 남 교수도 전도가 끝날 즈음 교회에 들려 보았다. 청년부 리더들이 교회 청년들과 두 명씩 짝을 이루어 동서남북으로 흩어져 나갔다고 한다. 남 교수가 교회에 도착하자 소피읍 목사와 청년부 두 팀이 먼저 교회로 돌아와 있었다.

톨스토이는 '모든 행복한 가정은 엇비슷하지만 불행한 가정은 제각기 나름대로의 불행을 안고 있다'라는 글을 남겼는데, 이 같은 이유 때문일까 이 지역에는 가정 폭력으로 아버지로부터 학대를 당하거나, 이혼, 질병, 지독한 가난등으로 나름대로의 불행을 안고 사는 집들이 많다고 일전에 소피읍 목사가 남 교수에게 귀띔해준 적이 있다.

대부분 얼마 되지 않는 토지를 가지고 농사를 짓고 있지만 여기에 생계를 전적으로 의존하고 있는 식구는 많고 농사의 효율은 높지 않아 좀처럼 가난에서 벗어나기 어렵다고 한다.

교회 청년들이 지나가자 평소에 순하던 개들이 갑자기 짖어대고, 늘 집에 계시던 할머니도 오늘따라 집에 없었고, 할 일 없는 동네 꼬마 너덧 명만 끝까지 뒤를 졸졸 따라다녔다고 한다. 그나마 이렇게 집을 찾아다니며 개인전도를 할 수 있게 된 것도 그리 오래되지 않았다고 한다.

그중에서도 썸낭이 열심이었다. 평소에도 이웃 주민들을 살뜰히 챙겨 왔고 건네는 말 한마디에도 진정을 담아 왔던 그는 배운 기술도 없고 돈도 없어서 이웃에게 나눠줄 수 있는 것이라고는 하나님 사랑을 전하는 성경 말씀밖에 없어서 그렇게 한다고 한다. 그는 하나님의 사랑을 전하는 방법은 단순히 지식에서 나오는 종교적 교리를 전하는 것만이 아니라 이웃 사랑이라는 일상의 삶의 실천을 통한 방법도 있다고 생각하고 있다.

돌아온 다른 팀들도 한결같이 오늘도 '눈에 보이지 않는 그 무언가 세력들'의 방해가 심했다고 한다. 교회 청년부 리더들이 교회 주위의 이웃들에게 '그 무언가'에 대해 알려주면 대부분의 사람들은 웃는 얼굴로 맞으며 듣는 척은 하지만 그 후 변한 모습은 거의 찾아볼 수 없다고 한다. 이 경우 사람이 사람의 말을 알아듣고 신뢰한다는 것이 얼마나 복된 일인지 모른다.

그러나 그들에게는 그들이 진실이라고 믿는 말들이 있었고, 교회 청년들이 전하는 말을 새롭게 받아들인다는 것이 상당히 힘들어 보였다.

교회 청년들이 "예수 믿고 천국 가세요" 또는 "예수 믿고 구원받으세요"라고 말을 건네면 "우리는 부처님 믿고 극락에 갑니다"라고 하던지 "우리도 누구든지 수행을 하면 스스로를 구원할 수 있는데 왜 구태여 예수라는 사람을 믿어야 하나요"라는 반문을 한다. 어떤 사람들은 "예수도 사람인데 왜 하나님이라고 하나요?"라는 의문을 품은 질문도 수줍은 듯한다.

전에 몇 번 이런 전도를 받아본 동네 어른 중에는 '왜 나에게 필요도 없는 은혜나 구원을 선물로 준다고 귀찮게 하는지 이해할 수 없다'라고 말하는 분도 있다. 그러나 이 말은 질문이라기보다는 그들의 답답한 속내를 드러내는 고백인지도 모른다. 전하는 자에게는 결코 물음이 될 수 없으나, 듣는 자의 입장에서는 반드시 답을 들어야 할 중요한 질문이지만 교회 청년들이 전하는 이 말은 관심을 갖는 자, 의심을 품는 자, 무관심한 자들 사이를 무심히 떠다닐 뿐이었다. 그러나 이들 모두 자기들에게 복음을 전하는 교회 청년들에게 별 반감은 갖지 않는다.

그들은 이웃이 자기에게 물질적으로 손해를 끼치지 않는 한 싫다는 소리는 거의 하지 않고 싫은 표정도 잘 짓지 않는다. 이들에게 아득히 멀어 보이는 천국이나 극락, 모호해 보이는 구원이나 은혜, 그들이 누구인지 도대체 감도 잡히지 않는 예수나 하나님을 손에 잡힐 듯 이해하기 쉬운 개념이나 존재로 설명하기는 결코 쉬운 일이 아닐 것이다.

그러나 교회에서는 청년부 리더들이 일 년에 몇 번씩 이러한 행사를 되풀이하고 있었다. 그들은 뿌리기만 할 뿐 거두시는 이는 하나님이라는 믿음으로 ….

예수나 하나님에 대한 의문에 대한 답을 얻지 못하고도 예수나 하나님을 믿을 수 있을까.

썸낭은 이런 반문(反問)을 받을 때마다 생각은 여러 갈래가 되어 바다처럼 넓게 퍼져나갔으나 정작 상황에 적절한 말씀을 찾지 못해 그들의 의문에 시원한 답을 주지 못한 자신의 머리로 아는 지식의 부족함을 못내 아쉬워했다.

다라가 조장인 조는 마카라 어머니 댁을 방문했다. 마카라 어머니는 남편이 반년 전쯤부터 아프기 시작하면서 교회에 나오기 시작했으나 두 달 전에 남편이 죽자 교회에 발길을 끊었다. 그 집 역시 가난 속에 치료는커녕 제대로 된 진료조차 받아보지 못하고 병명도 모른 채 남편을 떠나보내야 했다. 장례식도 절에서 치렀다고 한다. 마카라 어머니에게 남편의 죽음은 절망이며 두려움이자 그녀가 믿고 마지막으로 의지했던 하나님의 무능과 배신이기도 했다.

마카라 어머니는 교회에서 들은 예수의 능력으로 남편의 병이 낫기를 기대했을 것이다. 그러나 예수는 마카라 어머니의 기대와는 달리 그녀를 찾아오지 않은 것처럼 보였고 그녀의 기도 소리는 그녀에게 되돌아오는 자기 위안과 바람밖에 되지 않은 것

처럼 들렸을 것이다

성경에는 마리아와 마르다 그리고 그의 오빠인 나사로에 대한 이야기가 실려있다. 나사로가 죽을병이 들었을 때 이 자매들은 예수께 도움을 청했다. 그러나 예수는 오히려 이틀이나 더 지체하신 후 이 자매들을 방문하셨다. 나사로는 이미 죽어 무덤 속으로 들어갔고 자매들은 예수의 늦게 오심을 원망하였다. 그러나 예수는 이 자매들에게 '네 오빠가 다시 살아날 것이다. 나는 부활이며 생명이다. 나를 믿는 사람은 죽어도 살 것이며 누구든지 살아서 나를 믿는 사람은 영원히 죽지 않을 것이다. 네가 이것을 믿느냐?'라고 하셨다.

그러나 '눈에 보이지 않는 세력들'은 당장 우리로 하여금 눈앞의 삶과 죽음의 문제에만 집중하게 하고, 부활과 영생은 먼 미래의 일이라고 생각하게 하고 이를 믿지 못하게 방해한다. 예수가 부활이요 생명이고 이를 살아서 믿는 자는 영원히 죽지 않는다면 이를 믿지 않는 자에게 육신의 죽음은 영원한 죽음의 연장일 뿐이다.

아담의 범죄로 인류에게 육신의 죽음이 주어지고 이것이 피할수 없는 숙명이 되고 말았지만, 그렇다고 해서 누군가에게 죽음이 빨리 왔다고 해서 이는 본인이나 가족의 죄의 무게와는 아무 관련이 없다. 이는 오직 하나님의 주권에만 달려 있고 우리는 그 이유는 알 수 없다.

다라의 조(組)가 방문했을 때 마카라만 집을 지키고 있었고 마카라 어머니는 집에 없었다. 엄마는 매일 밤 자기도 모르는 전생(前生)의 죄 때문에 남편이 병으로 일찍 죽은 것이 아닌가 하는 죄책감과 앞으로 살아갈 날들에 대한 두려움으로, 그리고 한편으로는 왜 이런 일이 나에게 일어나는 것인지 그 이유를 알 수 없는 분노로 몹시 괴로워하고 있었다는 소식을 마카라를 통해 전해 들었다고 다라가 우울한 소식을 전해주었다.

하나님을 믿는 사람들에게도 고난은 어려운 문제이다. 그것도 하필 고난이 나에게 일어났고 그 이유를 설명할 수 없다면. 고난이 하나님이 당신의 삶을 위해 계획하신 일부분이라고 생각하게 함으로써 위로해 줄 수 있으나, 고난에 대한 우리의 어떠한 이론이나 설명도 완벽할 수 없으며 그 설명이나 위로도 고난 받는 자의 고난의 무게를 당장 덜어주지는 못한다.

성경은 '우리는 사람을 대항하여 싸우는 것이 아니라 하늘과 이 어두운 세상을 지배하고 있는 악한 영들인 마귀들을 대항하여 싸우고 있습니다'라고 기록하고 있다. 눈에 보이는 사람과 사소한 일로 다투는 것도 힘든데 눈에 보이지 않는 악한 영들과도 싸워야 한다니 ….

교회 형제들은 이 싸움은 이미 이겨 놓은 싸움이라는 것을 이론으로는 목사님으로부터 들어서 머리로는 알고는 있다. 그러나 현실의 실제 상황에서 이런 문제에 부딪히게 되면 그렇게 간단하거나 녹록지 않은 문제가 되고 만다.

이곳 사람들도 눈에 보이지는 않지만 뭔가 심상치 않은 존재가 있는 것이 아닌가 하는 생각을 하는지 짐승을 잡아 피를 뿌리거나 굿 비슷한 퍼포먼스를 벌이기도 한다. 심지어 산기슭에 돌로 만들어 놓은 동물 형태의 조각상 목에 꽃다발을 걸어놓고 두 손을 합장하고 연신 절을 해대기도 한다. 그 주위에는 이 용도로 쓰이는 꽃목걸이를 파는 사람들도 있다. 어떤 집은 아예 집 문앞에 이 조각상과 마당에는 작은 탑 모양의 신당을 세워두기도 하는데 그들은 이것이 자기 집을 지켜준다고 믿는다고 한다.

이 안을 자세히 들여다보면 힌두교의 신도 보이고 부처님도 보인다. 어떤 집은 이 안에 전등까지 달아 놓았다. 신이 누가 되었든 자기 가정을 지켜만 준다면 기꺼이 이를 자기 집의 수호신으로 모실 준비가 되어 있는 것 같다.

이들은 절에 가야 하는 절기나 때가 되면 자기가 모시고 있는 신이 누구이든 가장 좋은 옷으로 차려입고 과일바구니를 챙겨 들고 절을 찾는다. 이곳 달력에는 절에 가는 날에 부처님이 그려져 있을 정도이다. 심지어 오토바이를 살 때도 점쟁이나 스님을 찾아가 물어본다고 한다. 싸게 살 수 있도록 도와 달라고 하는 것 같지는 않지만, … 그렇다고 해서 이슬람 국가처럼 교회에 가는 사람들을 방해하는 일은 전혀 없다. 다들 나는 나의 신을 믿고, 너는 너의 신을 믿고, 나는 내가 믿는 신을 따라가고, 너는 네가 믿는 신을 따라가라, 대체로 이런 생각들을 갖고 있는 것 같다.

이런 모습들을 보면 다들 무언가에 눌려 있는 모습이 보이지만 정작 그 무언가가 무엇인지는 잘 모르는 것 같다. 그들은 스스로의 힘으로 인간의 근본적인 문제인 죄 문제를 해결할 수 있다고 생각하거나 자신의 노력 여하에 따라 신의 경지에 이를 수 있는데 설사 신이 존재한다고 하더라도 사람이 신의 도움을 받을 필요가 있을까 하고 생각하는 것은 아닐까.

삶이란 결국 누구에게나 공평하게 주어진 선택의 기회이자 시간이다. 누구에게나 공평하게 주어진 이 선택의 기간인 사는 동안 '공중 권세 잡은 세력'의 죽음의 위협에 굴복하여 '부활과 영생'을 포기할 것인가, 이를 극복하고 '부활과 영생'을 선택할 것인가에 따라 나의 영원한 삶이 결정된다. 그러나 각자 자기의 자유의지에 따라 선택한 믿음을 가지고 제각기 각자의 길을 걸어갈 뿐이다. 그러나 나를 지배하려 하는 이 '공중 권세 잡은 세력'을 떨쳐내야 비로소 '부활과 영생'을 주시는 권세를 만날 수 있다. 어떤 경우에도 고난이 하나님의 허락 밖에서 일어나는 경우는 없다. 그러나 우리는 하나님이 하시는 일의 이유를 알 수 없다.

우리가 그 이유를 알 수 없음으로 인하여 고난을 통하여 하나님께 더 가까이 나아가는 사람도 있으나, 같은 이유로 하나님으로부터 더 멀어지는 사람도 있다. 마카라 아주머니는 남편이 죽도록 내버려 둔 하나님에 대한 서운함에 대하여 분노하고 있는 자신을 먼저 넘어서야만 했다.

소피읍 목사에게 '이웃 사랑'이란 마카라 아주머니가 이 분노를 넘어서고, 육신의 죽음 너머에 있는 '부활과 영생'이라는 '하나님 사랑'을 바라보도록 전하는 것이었다.

밤하늘에는 수많은 별이 있는 것처럼 보여도 정작 사람 눈에 보이는 별은 우주 전체의 별 중에서 극히 일부분에 지나지 않는다. 심지어 과학자들은 눈에 보이는 물질도 우주 전체 질량의 5% 정도밖에 되지 않고 나머지 95%는 그 정체를 드러내지 않은 채 유령처럼 어둠 속에서 침묵을 지키고 있다고 한다. 이렇게 눈에 보이지 않는 물질을 암흑물질이라고 부른다고 한다.

사람이 눈으로 볼 수 있는 빛을 가시광선이라고 하는데 이는 태양에서 방출되는 빛의 극히 일부분에 지나지 않는다. 가시광선보다 짧은 파장의 빛에는 감마선, X선, 자외선이 있고, 가시광선보다 파장이 긴 빛에는 적외선, 마이크로파, 전자파등이 있는데 이들 서로 다른 파장의 빛은 각기 다른 특성을 가지고 있어 이 빛들에 대해 알려면 특수한 도구의 도움을 받아야 한다.

성경에서 말하는 '하늘 아래의 영역을 지배하고 있는 권세'도 이러한 존재이지 않을까. 사람들은 눈에 보이지 않는 것들은 없는 것으로 치부하고 그 존재를 잘 믿으려 하지 않는다. 그러나 하나님은 몰라도 귀신의 존재는 대부분이 인정하는 것 같다.

남 교수는 숙소로 돌아오자 레이먼드 카버의 '대성당'을 꺼내 들었다. 이 책은 그의 단편 선집으로 이 안에 같은 제목의 단편소설 '대성당'이 수록되어 있다. 간략한 줄거리는 다음과 같다.

주인공인 집주인은 중년 남성으로 그의 아내로부터 그녀와 오래전부터 일로 알게 된 한 맹인이 그의 집을 방문할 것이라는 말을 듣는다. 그의 아내는 맹인인 그에게 글을 읽어주는 일을 하다가 알게 된 사이이다. 그는 맹인이, 더구나 아내와 오래전부터 알고 지내던 이제는 독신이 된 남자가 자기 집을 방문하는 것이 탐탁지 않다. 드디어 집에 도착한 맹인을 보고 주인은 자기의 예상을 빗나간 그의 모습을 보고 조금 놀란다. 그는 자기의 예상과는 다르게 색안경을 쓰지도, 지팡이도 짚지 않고 일반인과 다름없는 옷차림에 수염까지 기른 모습으로 나타났기 때문이다. 그들은 같이 자연스럽게 식사까지 하지만 집주인은 여전히 그를 맹인으로만 취급하려 한다. 맹인을 가까이서 접해본 본 경험이 없는 그는 맹인이라면 이럴 것이라는 일반인들이 가지고 있는 편견을 가지고 있다. 식사가 끝나고 집주인의 아내는 먼저 잠들고 집주인과 맹인은 둘이서 TV를 시청한다. TV에서는 유럽의 어느 도시에 있는 대성당에 대한 프로를 방영 중이다. 맹인은 집주인에게 지금 화면에 보이는 대성당의 모습에 대하여 설명을 해달라고 부탁한다. 하지만 집주인은 TV 화면에 보이는 대성당의 모습을 대체 어디서부터 무엇을 어떻게 설명해야 할지 난감해한다. 그의 머릿속으로는 바로 이 일에 나의 목숨이 걸려 있다면 어떻게 해야 할까 하는 생각도 스쳐간다.

　그는 "먼저 대성당들은 아주 높습니다. 위로 치솟았어요, 아주 높이. 돌로 만들었어요. 그 옛날에는 대성당들을 지으면서 사람들은 하나님에게 더 가까이 가고 싶었던 거죠. 그때는 모두의 삶에서 하나님이 중요한 일부분이었습니다. 죄송합니다만 이 정도로밖에는 제가 할 수 있는 설명이 없겠습니다. 설명이 잘 안 되네요"라고 맹인에게 답한다.

　이에 맹인은 좋은 생각이 났다며 집주인에게 조금 두꺼운 종이와 펜을 가지고 오게 하고 같이 무엇인가 하나를 그려보자고 제안한다. 집주인이 종이와 펜을 가지고 오자 맹인은 펜을 쥔 집주인의 손을 찾아 그 위에 자기 손을 얹고 대성당을 그려 보라고 하면서 자기는 집주인의 손을 따라 움직이겠다고 한다.

　집주인은 먼저 집처럼 생긴 네모를 하나 그리고 그 위에 지붕을 얹고 지붕 양쪽 끝에는 높은 탑을 그렸다. 맹인은 그가 잘 그리고 있다고 흡족해하며 계속 그려보라고 그를 칭찬한다. 더구나 맹인은 집주인에게 대성당에 사람들이 보이지 않는다며 사람도 좀 그려 넣으라고 요청한다. 보통 사람인 집주인은 맹인으로부터 그런 말을 들을 것이라고는 생각해 본 적이 없다.

집주인은 묵묵히 계속 그렸다. 맹인은 집주인에게 이제 눈을 감고 계속 그리라고 한다. 그림을 그리려 집주인의 손이 움직이는 동안 맹인의 손도 집주인의 손과 같이 움직이고 있었다. 집주인은 살아오는 동안 자기 인생에 이런 일은 단 한 번도 없었다고 생각하고 있다.

그림이 완성되자 맹인은 집주인에게 이제 눈을 뜨고 그가 그린 그림을 한 번 보라고 한다. 그러나 집주인은 눈을 뜨지 않는다. 왠지 조금 더 그러고 있어야 할 것 같아서였다.

"어때? 보고 있나?" 눈을 뜨지 못하는 집주인에게 맹인은 묻고 있다. 그는 자기 집 안에 있었지만 어디 안에 있다는 느낌은 전혀 들지 않았다.

그는 눈을 감은채 "이거 진짜 대단하군요" 하는 감탄으로 소설은 끝난다. 그는 맹인이 세상을 바라보는 방법을 통해 이제 제대로 세상을 보는 경험을 하고 있다. 집주인은 폐쇄된 자의식(自意識)이라는 자기만의 세계에 갇혀 외부의 세상을 보지도 듣지도 못하고 있었다.

사람은 자의식이라는 편견에서 벗어나야 비로소 새로운 세상을 볼 수 있는 것일까? 그리고 이 편견이 나에게서 벗겨지는 것은 예상치 못한 상황에서 예상치 못한 사람으로부터 예상치 못한 도움을 받아야 가능한 것일까? 정상인이라고 자부하던 집주인은 정작 자신의 방식으로는 볼 수 없었던 것을 맹인의 방식으로 이해하게 되자 두려운 생각이 들어 눈을 감고 있었던 것이다. 그가 눈을 감는다는 것은 자신의 보는 방식을 포기한다는 것을 의미한다. 집주인이 자신의 방식을 포기하고 타인의 방식을 받아들여 사물을 보자 그저 무심코 지나쳐 보았던 것들이 새롭게 보이는 경험을 "이거 진짜 대단하군요" 하는 감탄으로 표현하고 있다.

우리 주위에 하나님이 있다는 증거는 너무나 많다. 우리가 그저 무심하게 지나쳐 버리고 그것에 대해 눈을 감고 있기 때문에 보이지 않을 뿐이다. 하나님은 사람의 신체적 감각이나 지식으로는 볼 수도 없고 알 수도 없기에 하나님이 계시다는 물질적 증거는 제시할 수 없다. 그러나 성경은 '하나님이 세상을 창조하신 그 때부터 보이지 않는 그의 속성, 곧 그의 영원하신 능력과 신성이 그가 만드신 만물을 통해 분명히 나타나서 알게 되었으니 사람들은 하나님이 없다고 변명할 수 없다'라고 기록하고 있다. 그러나 사람들은 하나님보다 우리를 유혹하는 '세상을 지배하고 있는 세력'에는 유독 민감하게 반응하는 것 같다.

집주인에게 예상치 않게 찾아온 사람은 맹인이었다. 남 교수에게는 예수이었지만 ….

바빌론의 탑

"벽돌은 인류가 최초로 만들어 낸 건축재료입니다. 인류가 집을 짓기 시작한 이래 벽돌은 쓰였지만 당시 벽돌은 불에 구운 것이 아니라 햇볕에 말린 것이었죠. 그 후 사람들은 진흙을 이겨 일정한 모양으로 만들어 이를 높은 온도의 불에 구워내면, 햇볕에 말려 만든 벽돌과 달리 잘 부스러지지 않고 돌처럼 단단한 성질을 가지게 된다는 것을 알게 되었어요. 당시에는 지금으로 말하면 하이테크 제품이었지요. 고대 사람들은 천연 재료가 아닌 사람이 만든 인공재료인 이 단단한 벽돌을 사용하면 하늘 끝까지라도 닿을 수 있는 구조물을 만들 수 있겠다고 생각했을지도 모르지요. 더구나 그들은 진흙 대신 접착성이 좋은 역청을 사용하기 시작하면서 작업은 더욱 효율적이 되었습니다. 이 이야기는 성경에도 기록되어 있습니다."

남 교수가 할 수 있는 말의 범위는 딱 여기까지이다. 벽돌의 발명을 빌미로, 인간들이 벌리는 짓거리를 보러 하나님께서 직접 내려오시고 그들의 언어를 헷갈리게 하여 서로 알아듣지 못하게 하여 그들이 온 지면으로 흩어지게 하셨다고 함으로 이 문제를 종교문제로까지 끌고 들어갈 수는 없다. 이는 현지 학교가 수업 중에 금지하고 있는 확고한 방침이기도 하다.

성경은 이 사건에 대해 다음과 같은 내용으로 기록하고 있다. 당시에 온 세상은 하나의 언어를 사용하였다. 노아의 홍수 이후 각지로 흩어졌던 노아의 후손 중 일부는 바빌로니아에 있는 한 평야에 모여 정착하고 "자, 벽돌을 만들어 단단하게 굽자" 하고 돌 대신 벽돌을 사용하고 진흙 대신 역청을 사용하여 "하늘에 닿을 탑을 쌓아 우리 이름을 떨치고 우리가 사방으로 흩어지지 않도록 하자!" 하고 외치며 높은 탑을 쌓기 시작하였다.

그러자 하나님은 이를 보시려고 내려오셔서 "저들은 한 민족이며 하나의 언어를 사용하고 있다. 그래서 저들이 이런 일을 시작하였으니 앞으로 마음만 먹으면 해내지 못할 일이 없을 것이니 저들의 언어를 혼잡하게 하여 서로 알아듣지 못하게 하자" 하시고 그들을 온 세상에 다시 흩어버리시므로 그들은 그 일을 중단하였다. 그 후 그곳을 '바벨'이라고 부르게 되었다.

이 구절을 읽으면 하나님은 탑에 문제가 있는 것이 아니라, 하나로 뭉쳐 하나님의 자리를 넘보려는 사람들의 생각에 문제가 있는 것으로 보신 것 같다. 탑에 문제가 있다고 보셨으면 탑을 부숴버리셨을 테니까.

노아의 홍수 사건 이후 하나님은 "비록 사람의 생각이 어릴 때부터 악하기는 하지만 내가 이로 인하여 다시는 땅의 모든 생물을 물로 멸하는 심판을 하지 않겠다"라고 하시고 노아의 후손들에게 "너희는 자녀를 많이 낳고 번성하여 땅을 가득 채워라"라고 축복하셨다.

하나의 언어만을 사용하고 있던 그들은 이제 안심하고 세상 곳곳으로 흩어져 두 번 다시 홍수 심판이 없는 세상에서 행복하게 살 수 있게 되었다. 그들은 홍수로 주인 없이 텅 비어있던 땅으로 흩어지던 중 살기 좋아 보이는 한 평원에 계속 머무르기로 결정하였다. 그들은 도시를 이루고 문명을 발전시켜 나가며 자신들의 이름을 내고자 하늘을 찌를듯한 구조물을 만들기 시작했다. 그들은 자신들의 힘과 기술 그리고 조직력에 의해 만들어지고 유지되는 왕국을 만들어 하나님 없이도 충분히 잘 살 수 있음을 보여주고자 하였다.

사람은 말이 같으면 생각이 같아지고, 생각이 같아지면 함께 뭉쳐서 힘과 영향력을 추구하는 하나의 문화를 만들어 낸다. 그런데 이 문화는 일반적으로 사람의 이름, 명예, 권력 등 높아짐과 부(□)를 추구하려는 방향으로 나아가는 것 같다. 그러나 하나님 없는 인간의 생각으로 뭉친 자들의 결말은 혼돈과 다툼, 결별, 그리고 멸망으로 끝난다.

결국 하나님은 바벨탑을 쌓으며 자신들의 이름을 떨치고 사방으로 흩어지지 않도록 하자고 외쳤던 자들은 흩어버리셨다. 대신 하나님이 택하신 자들은 자녀를 많이 낳고 번성하여 땅을 가득 채우게 하시려고 그 후 믿음의 조상으로 아브라함을 부르셨다.

하늘 가까이 높아지려고 했던 그들은 다시 본연의 모습으로 자기가 떠나온 자리로 돌아가야 한다. 그 자리에 가야 하나님을 만날 수 있다. 낮은 자들, 가난한 자들이야 구태여 자기 이름을 내려고 부산을 떨 필요가 없으니까.

이후 인류는 애굽, 앗시리아, 바벨론 제국, 페르시아 제국, 헬라 제국, 로마 제국 등 하나님에 반(反)하고 사람의 영광을 구하는 바벨의 역사를 반복하며 이어오고 있다. 이 바벨은 인류 역사를 통하여 그 본질은 같으나 명칭은 다양하게 불리며 사람들의 마음속 깊이 박혀, 마치 컴퓨터 속에 숨겨진 바이러스처럼 때를 따라 여전히 작동하고 있다.

남 교수는 노트북과 빔 프로젝트를 켜고 바벨탑의 시조라고 할 수 있는 '지구라트'의 모습을 학생들에게 보여주었다. 이 탑은 현재 바빌로니아 지방에 남아있다는 말도 덧붙였다. 그리고 이어서 브뤼겔이 그린 바벨탑 그림도 보여 주었다. 그림이 보여주는 브뤼겔의 바벨탑은 나선형 계단을 따라 위로 올라 갈수록 좁아지는 구조를 가지고 있으며 사람들이 살거나 쉴 수 있도록 각 층마다 안으로 방들이 배치되어 있다. 사람들이 무언가를 이용해 자재를 실어 올리는 모습도 볼 수 있다. 탑의 상층부에는 벌써 구름이 걸쳐 있을 정도로 높다. 그러나 얼마나 더 높게 지으려고 하는지 아직 가늠도 되지 않는다. 외형은 얼핏 보면 튼튼해 보이지만 탑은 벌써 왼쪽은 일부가 땅속으로 꺼져 그쪽으로 기울어져 가고 있다. 그림 왼쪽 아래에는 왕으로 보이는 사람 발아래에 작업자들이 엎드려 있는 모습이 보이고, 왕은 무언가를 지시하는 듯한 모습이 신하들과 함께 보이지만 너무 작게 그려져 존재감이 별로 없어 보인다.

따라서 이 그림을 자세히 들여다보면 그저 단순한 풍경화는 아닌 듯싶다. 작가의 무언가 의도가 숨어있는 듯한 그림이다. 사람의 수고의 결과물이 비록 크고 그럴듯해 보이지만 곧 쓰러질 것 같고 이를 지으려는 사람은 보잘것없다는 의도를 나타내려 했던 것일까 ⋯.

"선생님, 바벨탑과 피라미드는 어떻게 다른가요?"

한 학생의 질문이다.

"바벨탑에 대한 기록은 성경에 나와 있지만 그 모습에 대한 자세한 설명은 없습니다. 그리고 현재 실물로 남아있는 것도 없어 학자에 따라 탑의 모습에 대한 추측이 다양합니다. 어떤 학자들은 계단식 피라미드처럼 밑부분이 넓고 위로 올라갈수록 좁아지는 형태라고 설명합니다. 그러나 다른 학자들은 탑의 외부가 나선형 경사로나 계단으로 둘러싸여 있어 작업자들이 탑을 건축할 때 이를 통해 오르내릴 수 있는 형태였을 것이라고도 합니다. 피라미드는 바벨탑보다 수백 년 후에 건설되었을 것으로 생각되며 주재료로는 벽돌이 아닌 돌이 사용되었습니다. 파라미드가 주로 왕이나 왕족의 무덤으로 건축된 반면, 바벨탑은 신전이나 제사의 용도로 건축된 종교적 의미를 주로 가지고 있는 것으로 생각됩니다."

그리고 남 교수는 말을 이었다.

"그리고 바벨탑을 거대한 형태를 가진 기념비적 고대 건축물이라는 물리적 개념보다, 사람과 하나님과의 관계를 상징적으로 나타내는 개념으로도 이해할 수 있습니다. 즉 하나님 없이도 인간이 그들이 발전시킨 문명만으로도 충분히 잘 살아갈 수 있음을 증명하여 보이려던 첫 시도로 볼 수 있다는 것이죠."

남 교수는 숙소로 돌아오자 '당신 인생의 이야기'라는 테드 창의 소설을 펼쳐 들었다. 이 책은 테드 창의 단편소설 모음집으로 이 안에 '바빌론의 탑'이라는 단편소설이 수록되어 있다.

이 이야기는 성경에 나오는 바벨탑을 소재로 하고 있다.

이 단편소설의 스토리는 대략 다음과 같다.

바빌론 어느 지역에서 사람들은 오래전부터 하늘에 닿을 탑을 건설하고 있었다. 사람들은 하나님은 과연 계신지, 계시다면 그가 사는 집은 어떤 곳인지 몹시 궁금했기 때문이다. 아니 하나님을 더 잘 알고 직접 만나보기 위해 사람들은 이 탑을 쌓기 시작했는 지도 모른다. 어쨌든 사람들은 하늘 천장을 뚫고 그 위로 올라가 서 직접 눈으로 확인하기 전에는 이를 알 수 없었기에 이를 확인 하기 위해 탑을 쌓기 시작하였던 것이다. 사람들은 하늘의 천장 에는 하늘의 물이 담긴 저수지가 있고 그 너머에는 하나님이 사 시는 집이 있을 것이라고 생각하고 있었다.

벽돌을 층층이 쌓아 올린 탑이 거의 하늘 꼭대기에 닿아가자 탑 을 만드는 사람들은 이제 하늘을 막고 있는 천장을 부수기 위해 광부인 힐라룸을 그의 고향 동료들과 함께 불러온다. 그들은 하 늘 천장이 화강암으로 되어있다고 생각해서 화강암을 캐는 광부 인 그들을 부른 것이다. 그들은 도구들을 실은 수레를 끌고 경사 로를 따라 몇 달에 걸쳐 탑 위로 올라가면서 그 길이 마치 땅끝까 지 가는 것처럼 멀리 느껴진다. 그들은 탑 안에 식당과 휴게소는 물론, 마을까지 있고 농사도 짓고 있는 모습을 보며 놀라워한다. 심지어 평생을 탑에서 살며 지상에는 한 번도 내려가 보지 않은 노인도 만난다. 그러나 그는 탑을 떠난다면 위로 더 올라가면 모 를까 내려갈 생각은 없다고 말한다.

힐라룸은 탑 꼭대기로 올라갈수록 뜨거워지는 태양열 때문에 고 생하기도 하며, 경사로 가장자리에 서서 탑 위를 올려다보든 아 래를 내려다보든 모든 풍경이 똑같아 보인다는 사실을 깨닫기도 한다. 심지어 탑이 땅에 붙어 있지도 않고, 하늘에 연결되어 있지도 않고, 그저 허공에 떠 있는 것이 아닌가 하는 느낌도 받는다.

성경에서는 분노한 하나님이 사람들의 말을 서로 통하지 않게 하여 공사를 중단시키지만, 이 소설에서는 몇 백 년에 걸친 사람들의 노력으로 드디어 탑이 완성된다.

탑 꼭대기에 도착한 힐라룸과 동료들은 하늘 천장을 부수기 시작한다. 오래전 하늘에서 갑자기 쏟아진 엄청난 양의 물로 땅 위에 대홍수가 났었다는 전설을 알고 있던 그들은 지금도 하늘 위에 엄청난 저수지가 있는 것으로 알고 있지만 이번에는 하나님이 이를 막아 주실 것으로 믿고 있다. 그들은 하나님이 사람들이 탑을 쌓아 이곳까지 올라오는 것을 좋아하시지 않았다면 지금까지 탑을 쌓도록 가만히 놔두지 않으셨을 것이라고 생각하기 때문이다. 그러나 힐라룸은 만약의 경우에 대비하여 나름대로의 대비책을 마련하여 둔다. 마침내 하늘 천장이 뚫리자 그곳에서 쏟아져 나온 엄청난 양의 물로 인한 홍수에 밀려 힐라룸과 동료 작업자들은 어디론가 휩쓸려 간다.

얼마 후 깨어난 힐라룸의 눈앞에는 바위와 모래투성이의 사막 풍경만이 펼쳐져 있다. 그곳은 지상이었다. 하늘의 천장까지 탑을 쌓았고 천장에 터널을 뚫고 올라온 곳은 하늘이 아닌 사람이 사는 지상이었다. 그는 마침 지나가던 대상(隊商)을 통해 그곳이 자신이 떠나온 곳이라는 것을 알게 된다. 하나님을 만나보지도 못하고 힐라룸은 결국 출발점으로 되돌아오고 만 것이다.

어떤 이유인지는 몰라도 하늘과 땅, 이 두 장소는 멀리 떨어져 있으면서도 마치 서로 맞닿아 있는 듯했다. 힐라룸은 이를 보고 원통형 도장을 떠올린다. 원통형 도장을 점토판에 굴리면서 찍어가면 하나의 커다란 그림이 완성되는데 이 점토판 양 끝에는 원통형 인장과 같은 그림이 나란히 새겨져 있다.

그는 세계가 이 원통형 인장과 같다는 것을 깨닫는다. 힐라룸은 왜 하나님이 탑을 무너뜨리지 않았는지, 인간의 한계를 넘어 손을 뻗으려는 그들에게 왜 벌을 내리지 않았는지 알 것 같았다. 아무리 오랫동안 많은 노력을 기울여도 인간은 결국 출발점으로 되돌아오도록 되어있기 때문이며 인간은 천지창조에 관해 그들이 이미 알고 있는 지식 이상의 것을 알 수 없기 때문이다.

인간은 그런 노력을 통해 이 세계가 얼마나 하나님에 의해 오묘하게 창조되었는지 깨달을 수 있을 뿐이다. 힐라룸은 일어나 다시 바빌론으로 돌아가려고 한다. 힐라룸은 큰 고생을 하고도 하나님을 만나지 못했지만 탑에 남아있는 사람들에게 이 세계가 어떤 모양을 하고 있는지, 하나님이 왜 사람들을 홍수로 다시 죽이지 않고 원래 있던 자리로 돌려보냈는지, 그 이유를 알려주기 위하여 ….

소설은 이렇게 끝을 맺고 있다. 물론 이 이야기는 작가가 상상력을 발휘하여 쓴 소설이기에 정말로 당시 사람들이 벽돌이라는 하이테크 제품과 역청을 사용하여 하늘 끝까지 닿을 탑을 쌓았다고 보기는 어렵다. 그러나 작가는 그들이 하늘 끝까지 탑을 쌓았다는 가정하에 이 소설을 써나갔다.

작가는 사람들이 하나님이 누구이신지 알고 싶어 가까이 다가가고 싶다고 말하지만, 사실은 하나님 같이 되고자 하는, 하늘까지 치솟은 욕망이 그 속에 숨어 있으며, 그 욕망은 결국 제자리로 돌아올 수밖에 없다는 것을 말하려 했던 것이 아닐까. 아니면 세상은 그 시작과 끝이 맞닿은 형태같이 둥글게 말려있다는 것을 말하려 했던 것일까, 그것도 아니라면 단순한 호기심이나 인간 한계를 극복해 보고자 하는 도전 정신으로 그렇게 했다고 말하려 했던 것일까. 아무튼 사람들이 이런 탑을 쌓으려 했던 진짜 의도는 성경에 기록되어 있는 바와 같다.

실제로 우주는 3차원 공간과 1차원의 시간으로 정의되는데, 우주에는 끝이라는 개념 자체가 존재하지 않는다고 한다. 우주가 팽창하더라도 모든 공간을 다 포함하여 팽창하기 때문에, 우주 공간의 어느 한 방향으로 계속 나아가더라도 결국 우주를 한 바퀴 돌아 다시 제자리로 돌아오게 된다고 한다.

현대인들 역시 또 어떤 다른 하이테크 제품이나 첨단 기술, 아니면 지식을 가지고 하늘 끝에 닿도록 자기 이름들을 내려고 각자 자신의 탑을 일생을 투자해 가며 쌓고 있다.

그들은 각자 자신이 올라가고 싶은 곳, 찾아보고 싶은 것, 이루어내고 싶은 일 같은 것이 있을 것이다. 이를 위하여 자신의 노력으로 벽돌을 쌓아가며 그것을 이루고자 한다. 이루어가는 과정에서 때로 힘들고, 두려운 순간도 있었겠지만 전에는 결코 경험할 수 없는 쾌감을 맛보았을 날도 있었을 것이다.

이 과정에서 하나님은 사람의 목적을 달성하기 위한 수단으로 전락하여 버리는 것은 아닌지 ….

하이테크 제품과 첨단 기술, 아니면 새로운 지식등이 분명 우리들 삶을 편하게 해주기는 하지만 사람들은 어디쯤에서 멈추어야 할지 자제할 수 있을까?

아무리 오랫동안 힘들게 노력하여 이루었다 해도 결국 인간은 출발점으로 되돌아오도록 되어있다. 남 교수는 자기가 찾아온 땅끝이 혹 자기가 떠나온 바로 그곳이 아니었을까 생각해 본다. 남 교수는 이런 생각들이 하며 책을 덮었다.

— 08 —

부활과 윤회

남 교수는 지난 몇 달간 지역 교회 청년들과 성경 공부를 이어가며 제4파트인 '하나님 아들인 예수 그리스도는 하나님 나라를 전파하셨습니다'까지의 공부를 마쳤다.

지난주 토요일부터는 마지막 부분인 제5파트의 '예수 그리스도는 죄의 세력을 이기시고 죽음에서 부활하시어 세상을 심판하러 다시 오시겠다고 약속하셨습니다'(Jesus Christ conquered the power of sin, rose from the dead, and promised to return to judge the world)를 공부하고 있다.

이 파트에는 예수 그리스도는 십자가에서 죽으심으로 우리 죗값을 대신 다 치러 주셨습니다.(Jesus Christ paid the wages of sin by dying on the cross to atone for our sin), 예수 그리스도는 사망 권세를 이기시고 죽음에서 '부활'하셨습니다.(Jesus Christ overcome the power of death and rose from the dead), 예수 그리스도는 하늘에 오르시며 우리에게 성령을 보내주실 것과 다시 오실 것을 약속하셨습니다.(When Jesus Christ ascended into Heaven, He promised to send us the Holy Spirit and come again), 예수님은 약속대로 다시 오셔서 세상을 심판하실 것입니다.(Jesus Christ will come again as promised and will judge the world), 예수님은 '하나님 나라가 완성될 그날까지 우리에게 믿음을 지키며 세상에서 하나님 나라 백성답게 살라고 하셨습니다'(Jesus Christ told us to keep the faith and live like the people of God's Kingdom in the world until the day when God's Kingdom is completed)와 같은 다섯 개의 소주제가 있다.

이 파트의 포인트는 성경의 주제이기도 한 '예수 그리스도의 대속의 죽음과 부활, 다시 오심과 심판' 그리고 '하나님 나라의 완성'이기 때문에 남 교수는 여기에 중점을 두고 성경 공부를 진행하고자 한다.

"예수 그리스도의 부활은 우리에게 무슨 의미를 가지는가요?"

썸낭이 조심스럽게 물어본다.

"예수 그리스도의 대속(代贖)의 죽으심과 부활이야말로 성경에서 말하는 복음의 핵심이지. 그리스도의 죽으심으로 하나님에 대한 우리의 죗값이 전부 치러졌어. 그런데 그리스도께서 우리 죄를 위하여 죽으셨더라도 다시 살아나지 못하셨다면 그가 전했던 하나님 나라 복음도 거짓일 수밖에 없고 이를 믿는 우리의 믿음도 헛것이 될 수밖에 없으며, 우리도 아직 여전히 사망과 죄 가운데 있지 않을까?"

다라의 발언이다.

예수 그리스도의 부활은 사람의 세상 지식으로는 믿을 수 없는 사건으로 생각되지만 이는 실제 일어났던 역사적 사건이다.

사람의 모습으로 부활하신 그리스도가 사십일 간 이 땅에 계시는 동안 수많은 사람이 부활하신 그리스도를 만났으며, 로마 제국에까지 그 소식이 퍼져 나갔다. 제자들은 그와 대화도 나누었고, 그의 제자 중 하나인 도마는 그가 정말로 죽음에서 되살아난 그리스도인지 믿지 못해 그의 옆구리에 생긴 창 자국과 손과 발의 못 자국까지도 만져 보았다.

아담 한 사람의 죄로 말미암아 모든 사람이 죽게 된 것 같이, 예수 그리스도 한 사람의 부활로 말미암아 모든 사람이 죽음으로부터 살아나게 되었다. 따라서 예수 그리스도의 부활은 그리스도 개인에게만 국한된 사건이 아니라 모든 사람의 부활과 연결된다. 그들 중 이미 죽었더라도 살아있을 때 그리스도를 영접한 자는 생명의 부활로 나오게 된다. 이들의 육신은 비록 죽어 무덤에 묻혔어도 이들에게는 이 시간도 새 생명의 소망이 흐르고 있는 시간일 것이다. 그러나 그러지 아니한 자는 심판의 부활로 나오게 될 것인데, 그들에게는 육신이 죽어있는 시간도 새 생명을 소망할 수 없는 영원한 죽음의 시간의 일부일 뿐이다. 이들의 시간과 그들의 시간은 서로 반대 방향을 향해 흐르고 있는 것 같다.

성경도 '내가 하는 말에 놀라지 말아라. 죽은 사람들이 모두 아들의 음성을 듣고 무덤에서 나올 때가 온다. 선한 일을 한 사람은 부활하여 영원한 생명을 얻고 악한 일을 한 사람은 부활하여 심판을 받게 될 것이다'라고 기술하고 있다.

"그러면 불교에서 말하는 윤회(輪廻), 환생(還生)은 부활과 무엇이 다른가요?"

빤냐하의 질문이다.

"불교에서 말하는 윤회는 모든 생명체가 이 세상에서의 인연이 다하여 죽게 되면 이 세상에서 행한 선악에 따라 가장 낮은 등급인 지옥계부터 아귀계, 축생계, 아수라계, 인간계, 그리고 가장 높은 등급인 천상계의 육도(六道)를 바꿔가며 태어나고 죽는 것을 되풀이하는 것을 말합니다. 비록 전생에 많은 선행을 행하여 죽은 후에 가장 좋은 천상계에서 다시 태어났다고 해도 이곳에서의 인연이 다하면 다시 죽어 윤회의 세계로 돌아가야 합니다. 이처럼 윤회가 지속되는 한 죽음에 의해서도 인연이라는 사슬을 끊어버리지 못합니다. 또한, 사람이 죽으면 반드시 사람으로 다시 태어나는 것도 아니고 짐승이나 벌레로 태어날 수도 있고, 반대로 짐승이 죽어서 사람으로 태어날 수도 있다는 것이지요. 그래서 불교는 이 고통스러운 윤회의 다시 태어남에서 벗어나 나의 존재가 없어지는 것, 즉 무(無)로 돌아가는 것을 최고의 목표로 삼고 있지요. 그러니 죽어서 그 존재가 아예 없어지는 것보다 계속 윤회로 되살아나서 죽음을 되풀이하여 세상의 언저리를 맴돌아야 하는 그 과정들이 더 끔찍하다고 할 수 있지요. 이를 믿는 자들에게는 이러한 곳들이 갈 곳이 못되더라도 다시 살아나는 한 갈 수밖에 없는 곳이지요."

소피읍 목사의 윤회에 대한 기본 설명이다.

"그러나 성경이 말하는 죽음은 이생에서의 인연이 다하여 오는 것이 아니라, 하나님에 대한 사람의 불순종이라는 죄의 대가로 오는 것이라고 가르치고 있지요. 부활 또한 그리스도께서 이 땅에 다시 오실 때 모든 사람은 하나님과 함께하는 영원한 생명으로 들어가는 생명의 부활, 아니면 하나님과 영원히 떨어지게 되는 심판의 부활 중 하나로 나오게 되지요. 그리스도께서 다시 오시기 전에 죽어 무덤에 묻힌 사람들도 마찬가지입니다. '무덤 속에 있는 자들도 다시 오신 그리스도의 음성을 들을 것이며, 살아있을 때 그리스도를 구원자로 믿은 자들은 그때 그의 부활하신 몸과 같이 영광스러운 몸으로 변화를 받아 새 하늘과 새 땅인 하나님 나라의 백성이 될 것이다.' 이렇게 성경에서 말하는 부활은 단 한 번에 그치는 일회성 부활이지요."

소피읍 목사의 설명이 이어진다.

"그리스도와 관련되어 성경에 기록된 많은 예언들은 모두 이루어졌고 이제 마지막 남은 한 가지 예언은 그의 다시 오심이다. 그가 다시 오시는 이유는 사람의 모든 행위와 은밀한 일을 선악 간에 심판하시기 위함이다. 사람의 행위에는 생각도 포함되나 가장 중요한 것은 예수 그리스도를 구원자로 믿었느냐 하는 것 이다.”

“예수 그리스도가 다시 오심으로 이루어지는 천국인 '새 하늘 과 새 땅'이란 어떤 곳인가요?”

썸낭의 이어지는 질문이다.

“'새 하늘과 새 땅'이라는 말은 구약의 이사야서에 처음 나오 는 말로 처음 하늘과 처음 땅은 없어지고 질적으로 모든 것이 새 로워진 그리스도의 부활하신 몸과 같이 영광스러운 몸으로 변화 받은 주의 백성들을 위해 예비된 곳입니다. 여기에는 어떠한 죄 나 악, 그리고 죽음도 다시없으며 슬픔이나 아픔도 없는 곳으로 하나님의 약속대로 정의만이 있는 곳입니다.”

이를 설명하는 소피읍 목사의 말에 힘이 들어가 있다. 그러면 불교에서 말하는 극락과 성경에서 말하는 천국, 즉 하나님 나라 는 완전히 다른 곳인가요?

조용히 듣고만 있던 마카라가 질문을 던진다.

“불교에서 말하는 극락(極樂), 즉 천계(天界)는 성경에서 말하는 하나님 나라와 같이 영원한 곳이 아니라 윤회의 한 과정에 있는 곳입니다. 환생이 반복되는 과정에서 가장 높고 좋은 곳이라고 하나 이곳 역시 그곳과의 인연이 다하면 다시 환생의 세계로 들어가야 하므로 천국과 같이 부활한 자들이 영원히 살 수 있는 곳이 아닙니다."

소피읍 목사가 답변을 마치자 다라의 질문이 이어진다.

"그러면 성경은 처음 하늘과 처음 땅인 첫 창조로 시작하여 새 하늘과 새 땅인 새 창조로 끝나는 것인가요?"

"그렇게 보아야지요. 성경에도 선지자 이사야의 여호와께서 말씀하신다. '보라! 내가 새 하늘과 새 땅을 창조한다. 이전 것은 기억되거나 생각나지 않을 것이다'라는 예언과 '또 나는 새 하늘과 새 땅을 보았습니다. 전에 있던 하늘과 땅은 사라지고 바다도 없어졌습니다'라는 사도 요한의 고백이 기록되어 있습니다."

"예수님이 다시 오신다면 모든 사람이 정말 좋아할까요? 오히려 우리의 삶이 더 복잡해지고 혼란스러워지지 않을까요?"

느닷없고 뜬금없는 마카라의 이어지는 질문에 모두 다 웃었지만 남 교수는 실없이 웃고만 있을 수 없었다. 마카라의 말은 질문이라기보다 오히려 독백처럼 들려 아무것도 묻고 있지 않은 것처럼 들렸으나, 그의 말은 웃음 뒤의 모두의 마음속에 물이 스며들듯 소리 없이 스며드는 것 같았다.

남 교수는 오래전에 읽었던 도스토예프스키의 '카라마조프가의 형제들'이라는 소설이 문득 생각났다. 이 소설에는 카라마조프가의 아버지인 표도르와 첫째 아들인 드미트리와 배다른 형제들인 이반, 알로샤 그리고 첩의 아들이자 하인인 스메르자코프가 주요 인물로 등장한다.

이 소설은 아버지 표도르를 누가 살해했느냐 하는 존속살해라는 주제 아래 아버지의 살인범을 찾는 과정에서 등장인물들의 신념과 사상 그리고 성격들이 배어나고 여기에 기독교 사상이 어우러져 인간 본성의 민낯을 드러내는 질문을 던지고 있는 작품이다.

이 작품 중에는 명석한 두뇌를 가진 무신론자인 둘째 아들 이반이 신앙심이 깊은 동생 알료샤에게 들려주는 자작(自作) 극시(劇詩)인 '대심문관'이라는 글이 포함되어 있다.

'대심문관'의 줄거리는 대략 다음과 같다.

대심문관은 당시 종교재판을 관장했던 최고 재판관을 가리킨다. 종교재판으로 이단자들에게 화형을 자행하던 16세기 스페인의 세빌랴라는 지역에 예수께서 이 땅에 처음 오신 모습과 비슷한 차림으로 재림(再臨)하신다. 그는 장님의 눈을 뜨게 하고 죽은 소녀를 다시 살려내자 사람들은 그가 재림하신 예수인 것을 알아본다.

복음서에 기록된 기적들이 재림한 예수에 의해 16세기 스페인 세빌랴에서 그대로 재현되고 있다. 이때 그 옆을 지나가던 추기경인 대심문관이 이를 보고 호위병들에게 그를 체포하여 감옥에 감금하라고 명령하고, '왜 다시 나타나서 우리의 일을 방해하는

가' 하며 예수를 심문한다.

대심문관은 예수에게 성경에 기록된 예수가 광야에서 사탄에게서 받은 시험들―돌들을 변하여 떡이 되게 하라, 성전 꼭대기에서 뛰어내려라, 사탄인 자신에게 경배하면 천하만국과 영광을 주겠다 즉, 물질과 기적, 권세에 대한 세 가지 시험―을 다시 거론하며, 이를 그때 이를 거절했던 예수를 비난하기 시작한다. 이 세 가지 시험 속에 사람들의 세상에 대한 욕망이 하나의 완전한 형태로 요약, 집약되어 있으며 지금까지 인류 역사에 나타난 모든 분쟁과 다툼들이 이 세 가지 형태의 시험 속에 들어 있다.

대심문관은 그때 예수가 광야의 돌들을 빵으로 바꾸어 사람들의 물질적인 필요를 채워주었더라면 사람들은 예수를 좇아와 자유를 갖다 바치며 노예로 삼아도 좋으니 계속 먹여 살려 달라고 했을 것이라고 하면서 '그때 너는 말씀이라는 하늘의 빵을 약속했지만 세상의 빵을 무시할 힘이 없는 수많은 사람은 어쩌란 말이냐' 하며 이 세상에서 먹고살기도 힘든데, 언제인지도 모를 하늘에서 누릴 영원한 생명을 바라보며 만족하겠느냐며 먹고사는 문제를 해결해 주지 않으면 사람들은 결국 하나님을 떠나게 될 것이라고 주장한다. 대심문관은 물론 하늘의 빵인 말씀을 택하는 사람도 일부 있겠지만 그보다 훨씬 많은 사람은 세상의 빵을 선택할 것이고, 그들은 세상의 빵을 위해 그들에게 주어진 자유를 세상의 권력 앞에 내놓을 것이라고 말한다. 그리고 자유와

빵은 어떤 사람에게도 양립할 수 없으며, 누구도 자기들끼리 빵을 자유롭고 공평하게 나눌 수 없다고도 말한다.

대심문관은 계속해서 예수에게 당신은 위대하고 강한 의지를 가진 소수의 사람만을 귀중하게 여길 뿐 약한 의지를 가지긴 했으나 당신을 사랑하는 수많은 사람은 어떻게 해야 하느냐 하면서, 대심문관은 우리에게는 이러한 무력한 사람도 소중하다고 말한다. 그리고 이어 대심문관은 세상 사람들을 행복하게 해 줄 수 있는 사탄의 제안을 그때 예수가 수락해야 했다고 하면서 재림한 예수를 몰아세운다.

그는 예수가 광야에서 받은 두 번째와 세 번째—기적과 권세에 대한—시험도 이와 비슷한 논지로 예수를 계속 추궁한다. 그는 사람이란 빵의 문제가 해결되면 기적을 행하고 권세를 가진 숭배할 가치가 있는 대상을 찾게 되는데, 사람들은 숭배할 대상이 진짜인지는 상관없이 주변을 따라가게 되어있다고 주장한다.

대심문관은 사람의 본성은 기적과 권세를 무시하고 부정하기에는 너무나 연약하게 만들어져 있기 때문에 사람들이 이를 부정하려고 하면 하나님까지도 이때 함께 부정해 버린다는 것을 예수는 모르고 있다고 말한다. 대심문관은 예수가 광야에서 사탄의 시험을 이겨낸 것과 같은 일을 보통 사람들은 도저히 해낼 수 없는 일이라고 한다.

대심문관의 이러한 주장의 요지는 사람이란 자신들에게 주어진 자유의지를 지키고 누리기에는 물질, 기적 그리고 권세에 대한 유혹에 너무나 약해서 이를 말씀으로 이겨내고 거절하기란 여간 고통스러운 일이 아니라는 것이다. 그래서 보통 사람을 말씀이라는 무서운 선물을 받아들이지 못했다고 해서 그들을 책망만 할 수는 없다고 하며, 대심문관은 예수가 사람들에게 어려운 것들을 너무 많이 요구했다고 주장하고 있다.

이어 예수가 사람들에게 좀 더 쉽고 작은 것들을 요구했더라면 이것이 오히려 그가 말하는 사랑에 더 가까웠을 것이라고도 말한다. 대심문관은 이들의 이런 고통을 해결해 주기 위하여 자기들이 지금까지 고생해서 이것들을 사람들에게 제공하여, 자유가 주는 고통으로부터 해방시켜 주었는데, 이렇게 힘들게 이루어 놓은 질서를 무너뜨리려 예수가 다시 오면 이 세상은 지옥으로 변할 것이라고 항변한다.

대심문관은 추기경이라는 높은 지위에 있지만 하늘의 가치와 세상의 가치를 교묘하게 섞어 하나님의 형상으로 창조된 사람의 가치를 폄훼하고 있으며, 그의 시선은 하늘의 영원한 생명이 아닌 이 땅 위의 일시적 삶에 고정되어 있고, 그는 하나님이 아닌 사람의 만족에 초점을 맞추고 있다. 더구나 그는 사람을 이렇게 창조하신 하나님을 간접적으로 비난하며 문제를 과장하고 왜곡한 후 말씀으로 포장하여 사람을 유혹하는 사탄을 은근히 두둔하고 있는 셈이 된다.

그는 역설적이지만 고통스러운 사람들에 대한 사랑 때문에 하나님 나라에 대한 안티유토피아를 이 땅에 건설했다고 하나 그는 인본주의를 바탕으로 한 세상의 가치관에 근거하여 새로운 바벨탑을 하나님 나라를 대체하여 이 세상에 세웠다고 주장하고 있는 것이다.

대심문관은 사람의 행복을 위한 이 땅의 유일한 세 가지 힘을 돌로 빵을 만들어 먹고, 높은 곳에서 뛰어내려도 죽지 않는 기적, 그리고 천하 만물을 가짐으로 얻게 되는 권세라고 말하고 있다. 따라서 대심문관은 이제 예수 그리스도는 하나님 나라인 새 하늘과 새 땅을 완성하기 위하여 이 땅에 다시 오실 필요도 없고 그 권리를 그들에게서 빼앗아 갈 수도 없다고 주장하고 있는 것이다. 즉 예수가 다시 와도 이 땅에서 할 일이란 없다는 것이다.

대심문관은 예수의 대답을 기다렸지만 재림한 예수는 그저 묵묵히 대심문관의 말을 듣고만 있다가 대심문관에게 다가오더니 그의 늙고 핏기 없는 입술에 조용히 입을 맞춘다. 그것이 예수가 대심문관에게 한 대답의 전부였다. 자기가 질문하고 스스로 대답하던 대심문관은 몸을 부르르 떨며 예수를 향하여 "자, 어서 나가시오, 그리고 다시는 돌아오지 마시오, 두 번 다시 … 절대로"라고 외친다.

이를 듣고 있던 동생 알로샤는 형 이반이 자식을 내팽개친 아버지의 부당한 모습을 명분뿐이라고 생각하는 예수의 사랑에

빗대어 말하고 있지만 알로샤는 형 이반에게 그가 지어낸 이 대심문관 이야기는 오직 환상에 지나지 않는다고 말한다.

도스토예프스키 이 작품에서 예수의 사랑을 받아들이는 자와 거부하는 자의 운명을 풀어나가고 있다. 형제들은 이야기를 마치고 이반은 왼쪽으로, 알로샤는 오른쪽으로 각자 방향을 잡고 헤어지는 것으로 이 이야기는 끝난다.

아기 예수의 탄생을 축하한 이는 오직 이방인 박사 몇 사람과 유대인이 천하게 여기던 양을 치던 목동들뿐이었다. 이 소식을 들은 유대왕과 온 예루살렘은 무서워하고 불안해했다고 성경은 기록하고 있다. 그들은 구약에서 수없이 예언되었던 메시아가 베들레헴에서 탄생할 것을 잘 알고 있었던 사람들이었으니 그토록 고대했던 예수의 오심을 진정으로 기쁘고 반갑게 맞이했어야 할 사람들이었다.

신약에서도 예수의 재림이 수없이 예언되어 있는데 정작 오늘 이와 같은 일이 일어난다면 나는 어떻게 할 것 같은가? 그것도 모든 사람이 다 볼 수 있도록 온전한 육신을 가진 모습으로 오신다면?

예수께서도 생전에 자신의 재림을 말씀하시면서 "내가 다시 올 때 세상에서 믿음을 찾아보겠느냐?" 하셨는데 예수께서 이 세상에 다시 오실 때 찾으실 믿음은 어떤 믿음일까? 그때에 나는 어떤 종류의 믿음을 예수께 내어 보이려 할까. 믿음 대신 나의 의

(義)를 내보이려고 하지나 않을까?

나는 나의 의를 버려야 한다는 말씀에 동의하면서도 한편으로는 이를 버릴 수 없어 꼭 쥐고 있는 자기 숭배의 모습을 보이지나 않을까? 아니면 하나님이 나를 어떻게 생각하고 계실지보다 사람들이 나를 어떻게 보고 있는지를 먼저 먼저 생각하고 있는 것은 아닌지 ….

남 교수는 자기 삶의 후반전의 모습이 자기가 기대했던 모습이 아닌, 하나님 일을 핑계로 세상으로 기울어져 가고 하나님으로부터 멀어져가고 있지는 않은지 되돌아보며 자기에게 2천 년 전 유대인의 모습이나 대심문관과 같은 생각이 남아있지 않은지 생각해 본다.

09

커닝 소동

학교 수업은 지난 주로 모두 마치고 이번 주부터는 학기말 시험을 치르고 있다. 학교는 학기 중에 중간고사와 학기말 고사, 이렇게 2번의 시험을 치르고 있다. 남 교수는 이 학교에 부임한 이래 두 번째 맞는 학기말 고사이다. 학기 말 시험이 끝나면 겨울방학에 들어간다. 겨울방학이라고 하지만 남 교수에게는 너무나 더운 겨울방학이다.

남 교수는 학기 초에 학생들에게 리포트 20점, 중간고사 40점, 학기말 고사 40점, 이렇게 배정하여 성적을 매기겠다고 미리 통보한 바 있다. 시험 문제는 OX(true or false) 5문제, 사지선다 10문제, 서술형 10문제, 이렇게 출제하고 있다. 대학교 시험에 웬 OX문제냐라고 반문할 수도 있지만 문제가 영어로 출제되기 때문에 학생들 입장에서는 문제 해석부터 알쏭달쏭하여 쉽게 옳고 틀림을 가려낼 수 있는 그리 간단한 문제는 아니다.

09. 커닝 소동 121

건축계획 과목은 따로 필기시험을 보지 않는다. 대신 중간고사와 학기말 시험 대체용으로 주어진 프로젝트에 따라 설계 과제물을 도면으로 작성하여 제출하도록 하고 있다. 예를 들어 '2층 주택' 설계가 학기말 고사 설계과제로 주어지면 학생들은 주택의 1층과 2층의 평면도, 단면도, 입면도, 상세도 그리고 투시도 스케치까지 도면으로 작성하여 기한 내에 제출하여야 한다. 따라서 시험을 보는 과목은 '건축공정관리'와 '건축재료학' 2과목뿐이다.

남 교수는 부임 첫 해에 시험 감독을 하면서 홍역을 치른 기억을 떠올리며 쓸쓸한 웃음을 짓곤 한다. 어느 나라, 어느 학교, 어느 학생들이나 마찬가지겠지만 이곳 학생들의 커닝 실력 역시 뛰어나고 기발하기까지 했다. 전후좌우로 앉은 동료 학생들에게 물어보는 것은 아예 커닝 축에도 들지 못한다.

시험 때는 친구도 없다는데 여기 학생들은 옆 학생이 물어보면 성심껏(?) 알려준다. 커닝에는 남녀 학생 구분도 없다. 핸드폰 노트 어플에 아예 필기노트를 송두리째 옮겨와 슬쩍 뒤져보는 학생, 왼쪽 팔목부터 시작하여 온 팔뚝에 볼펜으로 새까맣게 무언가 문신처럼 적어 넣고 긴 팔 셔츠를 입고 온 학생, 종이에 역시 새까맣게 무언가 적고 이를 여러 번 접어 시계 아래에 끼워 놓고 남 교수가 시선을 다른 곳으로 돌릴 때마다 이를 꺼내 보는 학생, 메모지가 돌돌 말려 들어갔다 나왔다 하는 볼펜을 활용하는 학생, 그야말로 그 수법의 다양함이 놀라울 뿐이다. 다들 하는데 안 하면 나만 손해라는 생각들을 가지고 있는 것 같다. 아니 어쩌면 학생들도 좋은 성적을 받아 비싼 학비를 내주시는 부모님을 기쁘게 해드리거나 장학금을 꼭 받아야 학교를 다닐 수 있다는 압박감에 시달리고 있는지도 모른다.

교회에 다니는 학생들 역시 이 범주에서 벗어나 있는 것은 아니다. 다른 학생들과 다른 점이 있다면 남 교수의 눈치를 다른 학생들보다 조금 더 세심하게 살핀다는 정도이다.

'작은 일에 성실한 사람은 큰 일에도 성실하고 작은 일이 정직하지 못한 사람은 큰 일에도 정직하지 못하다'라는 성경 말씀을 이 학생들에게 가르쳤건만 시험이라는 고난(?) 앞에서는 별 효험이 없어 보인다. 아니면 커닝이라는 작은 일에 성실하기로 마음을 고쳐 먹은지도 모르겠다. 그러면 학생들이 사회에 나가 치르게 될 큰 일은 대체 무엇이 될까?

성적이 좋은 학생들에게는 학교에서 적지 않은 장학금을 보조하고 있으니 다들 필사적이다. 공부를 그렇게 하는지는 보지 못해 잘 모르겠지만 커닝하려는 그들의 모습은 적어도 그렇게 보인다.

커닝이 일종의 시험 문화가 되어가는 것은 아닌가 하는 생각이 들 정도로 만연되어 있다. 학교에서도 부정행위를 저지른 학생들을 처벌하기 위한 '학업성적관리위원회' 같은 기구도 없다.

모든 것을 담당 교수가 알아서 처리하여야 한다. 그렇다고 봉사하겠다고 찾아온 이곳 학생들에게 부정행위를 저질렀다고 낙제를 시키거나 정학 등 처벌을 가하기도 좀 그렇다.

고민하던 남 교수는 지난 중간고사부터 문제지 출제 형식을 완전히 바꾸어, 적어도 옆 학생의 도움을 받는 부정행위는 불가능하도록 했다. 남 교수는 시험 감독은 커닝에 대한 사전(事前) '예방과 차단'에 있지 결코 사후(事後) '적발과 처벌'에 있지 않다는 확고한 신념을 가지고 있다. 이는 시험을 치르는 학생이라면 태생적으로 커닝의 유혹에서 자유로울 수 있는 학생은 아무도 없다는 사실을 남 교수는 알고 있기 때문이다.

남 교수는 우선 문제 문항을 OX 5문제, 사지선다형 10문제, 서술형 10문제, 이렇게 25문항을 2배로 늘려 50 문항을 준비했다. 이 문제 풀(pool) 중에서 25개씩을 임의로 골라 학생 수 40명에 맞추어 서로 다른 40장의 시험 문제지를 준비하고 문제 배치도 조금씩 다르게 했다. 예를 들어 어떤 학생은 OX문제가 먼저 나오고 다른 학생은 사지선다, 혹은 서술형 문제가 먼저 나오는 구조이다. OX 문제, 사지선다 문제, 서술형 문제도 그 출제 나열 순서가 시험지마다 조금씩 다르다. 그러므로 한 학생이 옆 학생에게 "3번 문제 답이 뭐니?" 하고 물어보아도 옆 학생의 문제지에 있는 문제 3번은 OX 문제이고, 물어보는 학생의 문제 3번은 사지선다 문제이니 도움이 원천적으로 될 수 없는 구조이다. 오히려 엉뚱한 답을 듣고 손해를 볼 수 있는 구조이다.

그렇다고 해서 남 교수는 수업시간에 다루지 않은 전혀 엉뚱한 문제를 출제하는 법은 절대 없다. 오히려 시험 전 마지막 수업시간에는 예상 문제까지 알려준다. 그리고 시험도 대부분 이 예상 문제 중에서 출제한다.

이렇게 시험 문제지를 개인 맞춤형으로 개조하자 학생들이 의자를 골라 앉는 배치가 바뀌었다. 서로 붙어 앉지 않고 멀찍이들 떨어져 앉아 남 교수가 감독하기에 훨씬 수월해졌다.

다음 조치로는 핸드폰은 책가방에 넣어 시험 전에 칠판이 있는 앞쪽으로 가져다 놓아야 하고 상의는 긴 소매가 아닌 짧은 소매의 셔츠만 입도록 했다. 교실에 냉방시설이 부실해 학생들이 시험도중 더위에 시달리는 모습이 보기에 너무 안타까워서 그렇게 하도록 한다고 했다. 그렇게 통보하자 많은 학생들의 탄식 소리인지 신음소리인지 구별이 되지 않는 소리들이 그들의 입에서 흘러나왔고 남 교수 입가에서는 알 수 없는 야릇한 미소가 떠올랐다.

이 소동이 끝나고 다음 학기 중간고사부터는 학생들의 부정행위가 완전히 근절되었을까? 남 교수는 상상하지도 못한 학생들의 새로운 수법에 대한 대처 방안 마련에 골머리를 싸매야 했다.

— 10 —

감춰진 기쁨

소피읍 목사가 있는 현지 교회 주변은 최근 들어 급속히 변해가고 있는 모습을 보이고 있다. 교회로 들어오는 메인 도로인 비포장 4차선 도로는 8차선으로 확장되었고 비록 군데군데 파이고 깨지기는 했어도 콘크리트로 포장까지 되었다.

논을 메우고 공장들이 하나 둘 들어서기 시작하더니 이제는 열 군데가 넘는 공장들이 들어서고 가동 중이다. 공장들 대부분이 봉제공장이라고 한다. 그래서인가? 처음 보는 고급 승용차와 컨테이너 트럭까지 빈번하게 다니며 어린 여공들이 유독 많이 보인다.

이에 비례해서 거리 풍경도 무서운 속도로 변해가고 있다.

게스트 하우스나 식당, 상점, 미용실, 그리고 공장 직원들이 거처할 기숙사들이 이곳저곳에 들어서면서 전과는 사뭇 다른 모습으로 활기를 띄어가고 있다. 그중에서도 유독 미용실이 많이 보인다. 여기서는 머리뿐만 아니라 손톱과 발톱까지 손질해 준다.

아침저녁으로는 출퇴근하는 공장 직원들로 북새통을 이루며 퇴근시간 무렵에는 공장 정문 앞에 늘어선 노점상들로 그야말로 발 디딜 틈조차 없다. 한국의 포장마차와 비슷한 구조이다. 여기서는 각종 먹거리며 주전부리등을 비닐봉지에 넣어 판다.

이들은 퇴근하면서 여기서 저녁거리를 사들고 집으로 가 간단하게 저녁을 때우는 모양이다. 그러나 최저 생계비 정도의 월급을 받는 이들로서는 생존을 위한 몸부림일 뿐이다. 비단 이 지역만 그런 것이 아니라 이 나라 전체가 산업화, 현대화로 향한 과속방지턱조차 없는 상태에서 무한질주의 열풍을 앓고 있는 중이라 경제적 부요를 누리게 된 사람들도 많아졌지만 그렇지 못하여 가난으로 내몰려 더욱 무거워진 삶의 무게로 고통을 겪고 있는 사람들도 많아졌고 이로 인한 사회적 불평등도 더 벌어지고 있다. 그러나 이곳 사람들은 이 변화가 자기들이 어떻게 해 볼 수 있는 변화가 아니라고 생각하는 듯 오히려 덤덤하다. 그러나 사람들은 전체적으로 자기의 사소한 불이익에는 예민해 보여도 사회 전체의 불의와 불평등에 대하여는 눈을 감고 있는 것처럼 보인다.

소피읍 목사도 지금 이곳에서 새롭게 벌어지고 있는 또 다른 현상들을 잘 알고 있다. 최근에 들어선 건물 중에는 눈에 익은 건물도 보인다. 하얀 벽에 십자가가 달린 뾰족탑. 어느 외국인 선교사가 현지인 목사와 직원들을 채용하여 건물을 신축하고 새로 시작한 교회라고 한다. 그 교회는 실내에 냉방시설까지 갖추고 예배 후 무료 점심을 제공하며 교인들의 교통 편의를 위하여 셔틀버스까지 운행하고 있다. 현지 교회에 출석하던 교인들은 그 교회에 손님같이 가서 앉아 있다가 손님 같은 대우를 받고 돌아온다고 한다.

교회 출입문 위쪽에는 건물 건축을 후원한 외국 교회의 이름이 붙어있다. 인근에 있던 현지인 목사님 두 분은 적지 않은 사례를 약속받고 이 교회의 부목사로 옮겨 가고 전에 목회하던 현지 교회 두 군데는 문을 닫았다. 그러나 그들은 더 이상 가난에 시달리지는 않게 된 듯하다.

소피웁 목사의 교회에 출석하던 유치부 아동, 청소년들도 상당수가 이 교회로 옮겨가고, 빤냐하도 이 교회 영어선생으로 옮겨갔으나, 썸낭은 그대로 소피웁 목사의 교회에 출석하고 있다.

외국인 선교사와 현지인 목사는 바울과 아볼로처럼 '심는 자'와 '물 주는 자'로서의 역할을 잘 나누어 아름다운 협력관계를 이루어 나가기를 바랄 뿐이다.

남 교수는 한국에 돌아온 후에도 메일을 통해 몇몇 선생님들과 연락을 주고받으며 그들과 학생들의 근황을 듣고 있다.

브라껏 교수는 그 후 현지의 다른 대학 두 곳에도 출강하며 이름이 꽤 알려진 교수가 되었다고 한다. 당시 사귀던 조교와 결혼하여 집도 시내 근처에 사고 아들까지 낳아 사진을 남 교수에게

자랑스레 보내왔다. 그런데 아들 이름을 '엘리트'라고 지었다고
한다. 분명 현지식 이름은 아닌 듯 하지만 …. 이름이 너무 튀고
노골적이지 않냐고 메일을 보냈더니 와이프는 매우 흡족해한다
는 답신을 보내왔다. 그 후 그는 중국계 건설회사로 자리를 옮겨
높은 지위까지 올라가 현재 이곳에서는 다섯 손가락 안에 드는
고층 오피스 건물 신축 현장의 소장으로 있다고 한다.

학생들 중 몇몇은 유학생으로 뽑혀 한국으로 유학을 와 그중
두 명은 한국에서 학위를 마치고 그곳 대학 조교수가 되어 돌아
갔다. 이들은 남 교수가 한국에 돌아온 후에 한국에서 몇 번 만
난 적이 있다. 크리스마스 즈음이었는데 한국 추위에 몹시 힘들
어했다. 다른 학생들은 그 후 공무원이 되었거나 건설업체에 취
직하여 잘 다니고 있다고 한다. 다들 결혼을 했고 그중 두 명은
벌써 애가 셋이라고 한다.

남 교수가 현지 대학에 있을 당시 학생들 형제자매가 적게는
서너 명, 많은 학생은 일곱여덟 명이나 되었다. 그런데 지금은 많
이 낳아야 둘이라고 한다.

영어 선생님이던 빤냐하는 그 후 외국인 선교사가 목회하던
교회의 영어선생을 그만두고 시내에 있는 영어학원 강사로 옮겨
갔다고 한다. 그 후 그는 영어학원을 직접 차려 원장님이 되었다
고 한다. 이곳 학생들 사이의 영어 배우기 열풍을 반영한 듯, 학
원은 학생들이 넘쳐나 건물 한 층을 강의실로 다 쓰고 있고 원어

민 선생님도 두 명이나 두었다고 한다. 그가 계속 교회를 다니는
지는 소피읍 목사도 잘 모르겠다고 한다.

신학생이던 다라는 남 교수가 귀국하기 전, 신학교를 졸업하
며 목사 안수를 받고 고향으로 내려가 개척교회를 시작하였다.
다라 목사가 개척한 교회는 이곳에서도 자동차로 1시간 정도
더 들어가는 시골에 위치해 있다. 교인은 이제 어린이 포함 40-
50명 정도 모인다고 소피읍 목사를 통해 전해 들었다. 사모님은
주중에는 봉제공장에서 봉제사로 일한다고 하는데 다행히도 공
장에서 통근 버스를 운행하고 있어 출퇴근에는 별문제가 없다
고 한다.

라디는 그 후 한국어 시험에 합격하여 한국으로 취업차 갔으
나 한국 공장의 엄청난 노동 강도와 열악한 환경을 단 한 달도
견디지 못하고 돌아왔다고 한다. 그가 상상하던 천국이 현실세
계에서 상상도 못 한 엄혹한 지옥으로 펼쳐지자 그는 이 둘 사이
에서 무척 괴로워했을 것이다. 물론 무리해서 어렵게 선지불한
비용을 포기해야 할 만큼. 그 후 라디의 소식은 소피읍 목사도 모
른다고 하였다.

마카라는 결혼하여 이곳을 떠나 타지로 이사한 후 교회와는
연락이 끊겼다고 한다. 썸낭은 현지 교회에 남아 몇 남지 않은 교
인들을 섬기며 믿음 생활을 이어갔으나 어느 날 금요일 저녁 기
도회를 마치고 귀가 도중 어두운 모퉁이 길에서 갑자기 튀어나

온 차에 사고를 당해 그 자리에서 죽고 말았는데 차는 그대로 도망가 버리고 보상은 한 푼도 받지 못했다고 한다.

교회에 그토록 열심을 가지고 헌신했던 썸낭의 소식을 듣고 남 교수는 그의 죽음에 대하여 이해할 수 없는 의문이 들었지만, 남 교수는 그가 하나님으로부터 영원한 생명을 얻도록 선택된 사람임을 믿기에 그의 죽음이 행운이요 복이 아닌가 하고 그의 갑작스러운 죽음에 대해 스스로를 위로해 본다.

그날 저녁 소피읍 목사의 설교가 '부활과 그리스도인의 고난'에 대한 말씀이었다고 한다. 그리스도인 삶에 죽음이란 따로 존재하지 않고 그저 내가 죽은 듯 하나님과 같이 사는 것이고, 이것이 믿는 자의 진정한 행운과 복이라면, 엄혹한 세상 현실을 벗어나지 못하고 힘들게 살던 그에게 일찍 찾아온 죽음이 그에게는 진정한 행운과 복이었을까.

누군가 '철학이 아는 것이라면 믿음은 행하는 것'이라고 말했다는데, 썸낭은 이를 알기도 전에 벌써 그러한 삶을 살려고 굳은 결심을 했던 것일까. 썸낭에게 믿음의 세계란 추상적이고 관념적인 명사의 세계가 아니라 오늘의 삶에서 살아내야 하는 구체적이고 현실적인 동사의 세계이었던 것 같다. 하나님 나라도 그에게는 역시 그러하지 않았을까.

니체가 '죽음 이후의 세계'는 사람들이 현재의 삶을 위해 만들어 놓은 허구라고 말했다지만, 이 말이야말로 허구이지 않을까?

사람들은 자기의 욕망을 따라 하나님 나라를 떠나 세상으로 돌아가지만, 썸낭은 이 세상에 뿌리를 내리지 못한 부초(浮草)같이 떠도는 삶을 살다가 죽음과 함께 그냥 사라진 것처럼 보일 수 있어도 실은 하나님 나라에 깊숙이 뿌리를 내리고 이 세상에서는 감춰진 기쁨을 누린 그런 삶을 살았던 것이 아닐까?

그가 비록 빈 몸으로 그것도 비참한 모습으로 이곳을 떠났지만, 그는 하나님이 가득 채워 주시는 것들을 안고 부활할 소망을 믿었기에 남 교수는 그의 죽음을 슬퍼해 할 수만은 없었다.